NICOISE: KUCHNIA INSPIROWANA RYNKIEM Z NAJBARDZIEJ SŁONECZNEGO MIASTA FRANCJI

Gastronomiczna podróż przez tętniącą życiem scenę kulinarną Nicei

MICHALINA ZAWADZKA

Prawa autorskie ©2024

Wszelkie prawa zastrzeżone

Żadna część tej książki nie może być wykorzystywana ani rozpowszechniana w jakiejkolwiek formie i w jakikolwiek sposób bez odpowiedniej pisemnej zgody wydawcy i właściciela praw autorskich, z wyjątkiem krótkich cytatów użytych w recenzji. Niniejsza książka nie powinna być traktowana jako substytut porady lekarskiej, prawnej lub innej porady zawodowej.

SPIS TREŚCI

- SPIS TREŚCI 3
- WSTĘP 6
- ŚNIADANIE 7
  1. Omlet Nicoise 8
  2. Sałatka śniadaniowa Nicoise 10
  3. Tost z awokado Niçoise 12
  4. Opakowanie śniadaniowe Niçoise 14
  5. Focaccia oliwkowa 16
  6. Jajka faszerowane Nicoise 18
  7. Sałatka ze świeżych owoców 20
  8. Jajecznica Niçoise 22
  9. Pączki Nicoise 24
  10. Śniadanie Obroty Jabłkami 26
  11. Tartyna śniadaniowa z jajkiem i pomidorami Niçoise 28
  12. Jajka Niçoise w zapiekance 30
  13. Omlet ratatouille 32
- PRZYSTAWKI 34
  14. Wędliny inspirowane Niçoise 35
  15. Tatar z tuńczyka z tapenadą z oliwek 37
  16. Sajgonki z sałatką Niçoise 39
  17. Cukinia i kozi ser Niçoise Bites 41
  18. Crostini z anchois i pieczonej czerwonej papryki 43
  19. Pissaladiere 45
  20. Pan Bagnat 47
  21. Tapenada 49
  22. Tarta cebulowa Niçoise 51
  23. Suflet serowy Niçoise 53
  24. Wyprzedaż ciast Niçoise 55
  25. Tapenada z oliwek Niçoise 57
  26. Prowansalska Bazylia Pomidorowa Bruschetta 59
  27. Sałatka ziemniaczana nicejska 61
  28. Kanapki z kurczakiem Niçoise 63
  29. Rdzawa plama 65
  30. Popcorn z ziołami prowansalskimi 67
  31. Crostini Z Kozim Serem I Miodem 69
- SAŁATKI 71
  32. Klasyczna sałatka Niçoise z grillowanym tuńczykiem 72
  33. Sałatka Niçoise z Tuńczyka 74
  34. Sałatka nicoise ze słoika z przetworem 76

35. Sałatka Niçoise z białej ryby 79
36. Sałatka nicejska 81
37. Miski z soczewicą i wędzonym łososiem Niçoise 83
38. Sałatka z smażonym tuńczykiem błękitnopłetwym Niçoise 85
39. Zdekonstruowana sałatka nicejska 87
40. Sałatka Nicejska z Grillowanym Tuńczykiem 89
41. Sałatka Mostaccioli Nicoise 91
42. Klasyczna Sałatka Nicejska z Tuńczykiem 93
43. Sałatka Niçoise z wędzonym łososiem Niçoise 95
44. Sałatka z tuńczyka i sardeli Nicoise 97
45. Załadowana sałatka nicejska 99
46. Miski z soczewicą i wędzonym łososiem Niçoise 101

DANIE GŁÓWNE 103

47. Socca nicoise podsumowuje 104
48. Łosoś smażony na patelni Niçoise 107
49. Szaszłyki z kurczaka Niçoise 109
50. Wegetariańska Nicoise Ratatouille 111
51. Ratatouille Provençale 113
52. Sałatka z tuńczyka i białej fasoli 115
53. Klasyczna sałatka Niçoise Lyonnaise 117
54. Niçoise Zapiekanka z pasternaku z tymiankiem i Gruyere 119
55. Filet Mignon Niçoise z sosem Béarnaise 121
56. Ciasto z wołowiną po bourguignon Niçoise 123
57. Niçoise Bouillabaisse 125
58. Niçoise Pieczony Kurczak i Ziemniaki 127
59. Kanapki z wędzonym łososiem Niçoise 129
60. Niçoise Sole Meunière 131
61. Ratatuj jagnięcy 133
62. Kurczak po prowansalsku z ziołami 135
63. Pissaladiere 137
64. Zapiekanka z kurczakiem Niçoise 139
65. Kurczak z musztardą Nicoise 141
66. Gulasz wołowy Niçoise 143
67. Okoń morski Niçoise Au Pistou 145
68. Nicoise Coq Au Vin 147
69. Niçoise Kurczak Cassoulet 149
70. Niçoise Ziemniaczane Dauphinoise 151
71. Grzyb Niçoise Bourguignon 153
72. Cassoulet z fasolą i warzywami 155
73. Pizza z warzywami Niçoise 157
74. Ziemniaki Niçoise Au Vin 159
75. Nicoise Ratatouille 161
76. Gulasz warzywny Niçoise 163
77. Niçoise Wegetariański bochenek 165

78. Niçoise Warzywa zapiekane 167
79. Kanapka z warzywnym dipem Niçoise 169
80. Gulasz z białej fasoli Niçoise 171
81. Niçoise Tost migdałowy Niçoise 173
82. Gulasz z soczewicy Niçoise 175
83. Niçoise Makaron Cebulowy Niçoise w jednym garnku 177
84. Sałatka z soczewicy Niçoise i kozim serem 179
85. Faux Sałatka Nicoise 181
86. Niçoise Zupa z soczewicy w curry kokosowej 183
87. Fasola szparagowa Nicoise 185

DESER 187
88. Panna Cotta z miodem lawendowym 188
89. Ciasto pomarańczowo-oliwkowe 190
90. Ciasteczka Nicoise Palmier 192
91. Nicoise Caneles 194
92. Niçoise Cherry Clafoutis 196
93. Nicoise Ciasto Kokosowe 198
94. Tartaletki bezowe z marakują i cytryną 200
95. Tarta gruszkowa Niçoise 202
96. Ciasto truskawkowe i szyfonowe Lillet 204
97. Gruszka Niçoise z pomarańczą 206
98. Mus czekoladowy Niçoise 208
99. Ciasto czekoladowe Niçoise 210
100. Ciasto z kremem Nicoise 212

WNIOSEK 214

WSTĘP

Wyrusz w kulinarną podróż po tętniących życiem targowiskach i skąpanych w słońcu ulicach Nicei z programem „Nicoise: kuchnia inspirowana rynkiem z najbardziej słonecznego miasta francji". Ta książka kucharska zaprasza Cię do odkrywania bogatego gobelinu smaków, które definiują kulinarną scenę Nicei – miasta, w którym świeże produkty, wpływy śródziemnomorskie i radość życia łączą się, tworząc kulinarną przystań. Dzięki 100 skrupulatnie opracowanym przepisom dołącz do nas, świętując skąpany w słońcu urok i rozkosze gastronomiczne, które sprawiają, że kuchnia Niçoise jest prawdziwym ucieleśnieniem ducha Riwiery Francuskiej.

Wyobraź sobie tętniące życiem rynki wypełnione kolorowymi produktami, aromat ziół i przypraw mieszających się w powietrzu oraz lazurowe wody Morza Śródziemnego stanowiące tło dla tętniących życiem kawiarni na świeżym powietrzu. „Niçoise" to nie tylko książka kucharska; to oda do rynków, morza i prowansalskiego uroku, który definiuje kulinarny krajobraz Nicei. Niezależnie od tego, czy pragniesz elegancji bouillabaisse, prostoty sałatki niçoise, czy słodyczy tarte aux citrons, te przepisy zostały stworzone, aby przenieść Cię do serca Riwiery Francuskiej.

Od przysmaków z owoców morza po aromatyczne zioła, od świeżych warzyw dostępnych na rynku po pyszne desery – każdy przepis to celebracja smaków, które rozkwitają pod najbardziej słonecznym niebem Nicei. Niezależnie od tego, czy jesteś doświadczonym szefem kuchni, który pragnie odtworzyć smaki miasta, czy też żądnym przygód kucharzem domowym szukającym inspiracji, „Niçoise" to Twój przewodnik, który pomoże Ci wprowadzić ciepło i energię Nicei na Twój stół.

Dołącz do nas podczas odkrywania tętniącej życiem sceny kulinarnej Nicei, gdzie każde danie opowiada historię rynków, morza i radosnej sztuki delektowania się życiem. Zbierz więc oliwę z oliwek, zasmakuj ziół i wyrusz w kulinarną podróż po „Nicoise: kuchnia inspirowana rynkiem z najbardziej słonecznego miasta francji".

ŚNIADANIE

1. Omlet Nicoise

SKŁADNIKI:
- 4 jajka
- 1/2 szklanki pomidorków cherry, przekrojonych na połówki
- 1/4 szklanki oliwek Kalamata, wypestkowanych i posiekanych
- 2 łyżki posiekanej świeżej bazylii
- 1/2 szklanki kawałków tuńczyka, ugotowanych
- 1 łyżka oliwy z oliwek
- Sól i pieprz do smaku

INSTRUKCJE:
a) Jajka roztrzepać i doprawić solą i pieprzem.
b) Na patelni rozgrzej oliwę z oliwek.
c) Na patelnię wlać roztrzepane jajka.
d) Dodać pomidory, oliwki, bazylię i kawałki tuńczyka.
e) Gotuj, aż omlet się zetnie, następnie złóż i podawaj.

2.Sałatka śniadaniowa Nicoise

SKŁADNIKI:
- 2 szklanki mieszanych warzyw
- 1/2 szklanki gotowanych młodych ziemniaków, przekrojonych na pół
- 1/4 szklanki zielonej fasolki, blanszowanej i posiekanej
- 2 jajka na twardo, pokrojone w plasterki
- 1/4 szklanki pomidorków cherry, przekrojonych na połówki
- 2 łyżki oliwek Niçoise
- 2 łyżki oliwy z oliwek
- 1 łyżka octu z czerwonego wina
- Sól i pieprz do smaku

INSTRUKCJE:
a) Na talerzu ułóż mieszane warzywa.
b) Na wierzch ułóż młode ziemniaki, fasolkę szparagową, jajka na twardo, pomidory i oliwki.
c) W małej misce wymieszaj oliwę z oliwek, ocet z czerwonego wina, sól i pieprz.
d) Sosem polej sałatkę i wymieszaj przed podaniem.

3.Tost z awokado Niçoise

SKŁADNIKI:

- 2 kromki chleba pełnoziarnistego, tostowego
- 1 dojrzałe awokado, rozgniecione
- 1/2 szklanki pomidorków cherry, przekrojonych na połówki
- 2 łyżki oliwek Niçoise, pokrojonych w plasterki
- 1 łyżka kaparów
- 1 łyżka świeżej natki pietruszki, posiekanej
- Sok cytrynowy
- Sól i pieprz do smaku

INSTRUKCJE:

a) Rozłóż równomiernie puree z awokado na tostowych kromkach chleba.
b) Posyp pomidorkami koktajlowymi, oliwkami, kaparami i świeżą natką pietruszki.
c) Polewę skropić sokiem z cytryny, doprawić solą i pieprzem.

4. Opakowanie śniadaniowe Niçoise

SKŁADNIKI:
- 1 duży wrap pełnoziarnisty
- 1/2 szklanki gotowanej komosy ryżowej
- 1/4 szklanki ciecierzycy z puszki, odsączonej i opłukanej
- 1/4 szklanki pomidorków cherry, przekrojonych na połówki
- 2 łyżki oliwek Niçoise, pokrojonych w plasterki
- 1 łyżka sera feta, pokruszonego
- Świeże liście bazylii
- Oliwa z oliwek

INSTRUKCJE:
a) Połóż folię na płasko i połóż na środku ugotowaną komosę ryżową.
b) Dodać ciecierzycę, pomidorki koktajlowe, oliwki, fetę i świeżą bazylię.
c) Skropić oliwą z oliwek.
d) Złóż boki chusty i zwiń ją, w razie potrzeby scepiając wykałaczkami. Przekrój na pół i podawaj.

5.Oliwki Fougasse aux

SKŁADNIKI:
- 1 łyżka drożdży z maszyny do pieczenia chleba
- 2 ½ szklanki mąki chlebowej
- 2 łyżeczki cukru
- ¼ łyżeczki soli
- ½ szklanki ciepłego mleka
- ½ szklanki wody
- ¼ szklanki oliwy owocowej + dodatkowo do posmarowania ciasta
- ⅓ szklanki posiekanych oliwek Niçoise lub zielonych

INSTRUKCJE:

a) Połącz drożdże, mąkę, cukier, sól, mleko, wodę i ¼ szklanki oliwy z oliwek w misce maszyny do pieczenia chleba i wyrabiaj na poziomie ustawienia ciasta. Na koniec cyklu wyłóż ciasto na lekko posypaną mąką stolnicę i zagnieć oliwki.

b) Obróć formę do pieczenia ciasta nad ciastem i odstaw na 15 minut.

c) Podziel ciasto na dwie równe części i zwiń każdą część w prostokąt o wymiarach 8 na 10 cali. Każdy prostokąt układamy na blaszce wyłożonej papierem do pieczenia.

d) Wykonaj dwa rzędy po 6 do 8 równomiernie rozmieszczonych ukośnych nacięć, przecinając ciasto na całej długości.

e) Otwórz te szczeliny, rozsuwając je rękami. Posmaruj placki oliwą z oliwek i odstaw do wyrośnięcia, aż ciasto się napęcznieje, około 20 minut.

f) Rozgrzej piekarnik do 375 F. Gdy chleby będą spuchnięte, piecz w gorącym piekarniku przez 15 do 20 minut lub do złotego koloru. Studzimy na stojaku.

g) Najlepiej spożywać je w dniu przygotowania, ale można je przechowywać w plastikowym opakowaniu.

6. Diabelskie Jajka Nicoise

SKŁADNIKI:
- 6 jaj
- 2 łyżki czarnych oliwek, posiekanych
- 1 mały pomidor, wypestkowany i posiekany
- 1 łyżeczka musztardy Dijon
- Sok z 1 cytryny
- 1 łyżka oliwy z oliwek
- 1 łyżka zwykłego jogurtu greckiego
- 2 łyżki świeżej natki pietruszki, posiekanej, plus więcej do dekoracji

INSTRUKCJE:
a) Rozgrzej łaźnię wodną do 170°F.
b) Umieść jajka w torbie. Uszczelnij wodą. Następnie umieść w wannie. Gotuj przez 1 godzinę.
c) Jajka włóż do miski z zimną wodą, aby ostygły. Obierz ostrożnie, a następnie przekrój każde jajko wzdłuż na pół.
d) Do miski wbijamy żółtka. Wymieszaj oliwki, pomidory, musztardę, cytrynę, oliwę, jogurt i pietruszkę.
e) Białka napełnij masą z żółtek. Udekoruj pietruszką.

7. Salade de Fruits (sałatka ze świeżych owoców)

SKŁADNIKI:
- Różne świeże owoce (np. truskawki, brzoskwinie, melony) – około 2 szklanek
- Liście mięty do dekoracji
- 2 łyżki miodu
- Sok z jednej cytryny

INSTRUKCJE:
a) Świeże owoce pokroić w kostkę i wymieszać w misce.
b) Skrop owoce miodem i sokiem z cytryny, delikatnie wymieszaj.
c) Udekoruj listkami mięty i podawaj schłodzone.

8. Jajecznica Nicoise

SKŁADNIKI:
- Dwie łyżki masła
- Pół szklanki gęstej śmietanki
- Szczypta soli
- Szczypta czarnego pieprzu
- Dwie łyżki posiekanego świeżego szczypiorku
- Cztery jajka
- Jedna czerwona cebula
- Jedna łyżeczka posiekanego czosnku
- Kromki chleba Niçoise

INSTRUKCJE:
a) Weź dużą patelnię.
b) Dodaj masło i poczekaj, aż się rozpuści.
c) Dodajemy posiekaną cebulę.
d) Gotuj cebulę, aż będzie miękka.
e) Dodajemy posiekany czosnek.
f) Mieszaj cebulę i czosnek przez dwie minuty.
g) Dodaj jajka i pozwól im się ugotować.
h) Mieszankę wymieszać.
i) Dodaj sól i pieprz.
j) Na koniec dodajemy gęstą śmietanę.
k) Gdy jajka będą gotowe, rozłóż je na talerzu.
l) Na wierzch dodaj świeży, posiekany szczypiorek.

9. Nicoise Beignets

SKŁADNIKI:
- Pół szklanki masła
- Cztery jajka
- Dwie szklanki mąki
- Jedna szklanka mleka
- Jedna łyżka proszku do pieczenia
- Cukier puder, jedna szklanka

INSTRUKCJE:
a) Weź dużą miskę.
b) W dużej misce wymieszaj wszystkie składniki oprócz cukru pudru.
c) Z powstałej mieszanki uformuj półgęste ciasto.
d) Rozgrzej patelnię pełną oleju.
e) Do oleju dodajemy łyżkę wielkości ciasta.
f) Smażymy beignety.
g) Podawaj pączki, gdy staną się złotobrązowe.
h) Ostudzić pączki.
i) Dodaj cukier puder do wszystkich pączków.

10.Śniadanie Chaussons Aux Pommes

SKŁADNIKI:
- Pół szklanki pełnego mleka
- Jedna łyżka cukru
- Jedna szklanka mąki uniwersalnej
- Dwa jajka
- Pięć łyżek masła
- Jedna filiżanka ciężkiej śmietanki
- Jedna łyżeczka ekstraktu waniliowego
- Jedna filiżanka jabłek

INSTRUKCJE:
a) Weź rondelek i wlej do niego wodę.
b) Dodajemy mleko, masło, cukier, śmietankę, ekstrakt waniliowy i sól.
c) Zagotuj całą mieszaninę.
d) Dodaj do niego mąkę i dobrze wymieszaj.
e) Gotuj mieszaninę przez dwie minuty.
f) Wyjmij go, gdy ciasto się uformuje.
g) Ciasto przełożyć do miski.
h) Dodaj do niego jajka.
i) Najlepiej miksuj, aż ciasto stanie się gładkie.
j) Uformuj pączki o pożądanym kształcie.
k) Pomiędzy ptysie dodaj pokrojone jabłka.
l) Piecz przez dwadzieścia minut.

11. Tartyna śniadaniowa z jajkiem Niçoise i pomidorami

SKŁADNIKI:
- Dwie łyżki majonezu
- Liście sałaty
- Pół szklanki gęstej śmietanki
- Trzy łyżki musztardy Dijon
- Tartyna Niçoise
- Jedna szklanka suszonych pomidorków koktajlowych
- Dwie łyżeczki soku z cytryny
- Jedna łyżeczka cukru
- Cztery jajka sadzone

INSTRUKCJE:
a) Weź dużą miskę.
b) Wymieszaj majonez, gęstą śmietanę, sok z cytryny i cukier, aż utworzy się w misce jednorodna mieszanina.
c) Podsmaż kromki chleba.
d) Dodaj liście sałaty do kromek chleba.
e) Dodaj mieszaninę majonezu na wierzch plasterków.
f) Na wierzch dodaj jajka sadzone i suszone pomidory.
g) Każdy plasterek posmaruj musztardą Dijon.

12. Niçoise En Cocotte

SKŁADNIKI:
- Dwie łyżki masła
- Pół szklanki gęstej śmietanki
- Szczypta soli
- Szczypta czarnego pieprzu
- Dwie łyżki posiekanego świeżego szczypiorku. Cztery jajka
- Jedna łyżeczka ziół prowansalskich
- Kromki chleba Niçoise

INSTRUKCJE:
a) Weź dużą miskę.
b) Dodaj wszystkie składniki oprócz szczypiorku.
c) Wszystko dobrze wymieszaj.
d) Wlać mieszaninę do naczynia do pieczenia.
e) Umieść naczynie w łaźni wodnej.
f) Piec jajka przez dziesięć do piętnastu minut.
g) Podawaj, gdy skończysz.
h) Na wierzch dodaj świeży, posiekany szczypiorek.

13.Omlet Ratatuj

SKŁADNIKI:
- 4 jajka
- 1/2 szklanki pokrojonej w kostkę papryki
- 1/2 szklanki pokrojonej w kostkę cukinii
- 1/2 szklanki pokrojonego w kostkę bakłażana
- 1/4 szklanki pokrojonej w kostkę czerwonej cebuli
- 2 łyżki oliwy z oliwek
- Sól i pieprz do smaku

INSTRUKCJE:
a) Na patelni podsmaż na oliwie paprykę, cukinię, bakłażan i czerwoną cebulę, aż będą miękkie.
b) W misce roztrzep jajka, dopraw solą i pieprzem.
c) Wlać jajka na smażone warzywa, delikatnie mieszając, aż jajka się zetną.
d) Podawaj omlet na gorąco, w razie potrzeby udekorowany świeżymi ziołami.

PRZYSTAWKI

14. Wędliny inspirowane Niçoise

SKŁADNIKI:
- Różne wędliny (takie jak saucisson, jambon de Bayonne, pasztety lub rillettes)
- Sery francuskie (takie jak Brie, Camembert, Roquefort lub Comté)
- Kromki bagietki lub chleb francuski
- Korniszony (małe pikle)
- musztarda Dijon
- Oliwki Niçoise
- Winogrona lub pokrojone figi
- Orzechy włoskie lub migdały
- Świeże zioła (takie jak pietruszka lub tymianek) do dekoracji

INSTRUKCJE:
a) Wybierz dużą drewnianą deskę lub półmisek, aby ułożyć wędliny inspirowane kuchnią francuską.
b) Zacznij od ułożenia wędlin na desce. Zwiń je lub złóż i ułóż w atrakcyjny wzór.
c) Ser francuski pokroić w plasterki lub kliny i ułożyć obok wędlin.
d) Na deskę ułóż stos kromek bagietki lub pieczywa francuskiego, stanowiąc klasyczny dodatek do mięs i serów.
e) Na desce umieść małą miskę musztardy Dijon do maczania lub smarowania chleba.
f) Dodaj miskę korniszonów, czyli tradycyjnych francuskich marynat, aby uzupełnić smak wędlin.
g) Rozłóż na planszy różne oliwki, wypełniając pozostałe luki.
h) Na desce ułóż kiście świeżych winogron lub pokrojone figi, dodając odrobinę słodyczy.
i) Posyp deskę orzechami włoskimi lub migdałami, aby dodać tekstury i smaku.
j) Dla wykończenia deski udekoruj świeżymi ziołami.
k) Podawaj deskę do wędlin inspirowaną kuchnią francuską jako przystawkę lub element centralny spotkania, pozwalając gościom cieszyć się zachwycającym połączeniem smaków i tekstur.

15. Tatar z tuńczyka z tapenadą z oliwek

SKŁADNIKI:
- Świeży tuńczyk do sushi, pokrojony w kostkę
- 1/4 szklanki czarnych oliwek, wypestkowanych i posiekanych
- 1 łyżka kaparów, posiekanych
- 1 łyżka świeżej natki pietruszki, drobno posiekanej
- 1 łyżka oliwy z oliwek extra virgin
- 1 łyżeczka musztardy Dijon
- Sok z cytryny do smaku
- Sól i pieprz do smaku
- Plasterki bagietki do podania

INSTRUKCJE:

a) W misce wymieszaj pokrojonego w kostkę tuńczyka z oliwkami, kaparami, natką pietruszki, oliwą, musztardą Dijon i sokiem z cytryny.
b) Doprawić solą i pieprzem.
c) Tatar z tuńczyka podawaj na plasterkach bagietki.

16. Sajgonki z sałatką Niçoise

SKŁADNIKI:
- Opakowania z papieru ryżowego
- Liście sałaty rzymskiej
- Tuńczyk konserwowy, płatkowany
- Pomidory wiśniowe, przekrojone na połówki
- Oliwki Niçoise, pokrojone w plasterki
- Jajka na twardo, pokrojone w plasterki
- Gotowana fasolka szparagowa, blanszowana
- Świeże liście bazylii
- Oliwa z oliwek i ocet balsamiczny do maczania

INSTRUKCJE:
a) Namocz papier ryżowy w ciepłej wodzie, aż stanie się giętki.
b) Połóż opakowanie na płasko i wypełnij sałatą, tuńczykiem, pomidorami, oliwkami, jajkami, fasolką szparagową i bazylią.
c) Zwiń ciasno i powtórz.
d) Sajgonki podawaj z sosem z oliwy z oliwek i octu balsamicznego.

17. Cukinia i kozi ser Niçoise Bites

SKŁADNIKI:
- Plasterki cukinii
- Ser kozi
- Pomidory wiśniowe, przekrojone na połówki
- Oliwki Niçoise, bez pestek
- Świeże liście tymianku
- Oliwa z oliwek
- Glazura balsamiczna do polania

INSTRUKCJE:
a) Grilluj lub piecz plastry cukinii do miękkości.
b) Na każdym plasterku cukinii połóż niewielką ilość koziego sera, połówkę pomidorka koktajlowego i oliwkę.
c) Posyp listkami świeżego tymianku, skrop oliwą i polewą balsamiczną.
d) Podawaj jako eleganckie kanapki inspirowane kuchnią Niçoise.

18. Crostini z anchois i pieczonej czerwonej papryki

SKŁADNIKI:
- Plasterki bagietki, opiekane
- Filety z anchois
- Pieczona czerwona papryka, pokrojona w plasterki
- Kremowy ser kozi
- Świeże liście bazylii
- Oliwa z oliwek do skropienia

INSTRUKCJE:
a) Na każdym kawałku podpieczonej bagietki rozsmaruj warstwę koziego sera.
b) Na wierzch ułóż filet z sardeli i plasterek pieczonej czerwonej papryki.
c) Udekoruj listkami świeżej bazylii i skrop oliwą z oliwek.
d) Podawaj te crostini jako aromatyczną przystawkę inspirowaną Niçoise.

19.Pissaladière

SKŁADNIKI:
- Ciasto na pizzę lub ciasto francuskie
- 2 duże cebule, pokrojone w cienkie plasterki
- 1/4 szklanki oliwy z oliwek
- 1 łyżeczka suszonego tymianku
- Anchois (z puszki lub w słoikach)
- Oliwki czarne, pestkowe

INSTRUKCJE:
a) Rozgrzej piekarnik do 400°F (200°C).
b) Cebulę podsmaż na oliwie, aż się skarmelizuje, następnie dodaj suszony tymianek.
c) Rozwałkuj ciasto na pizzę lub ciasto francuskie i przełóż na blachę do pieczenia.
d) Na cieście równomiernie rozłóż karmelizowaną cebulę, ułóż anchois na krzyż, a pomiędzy anchois umieść oliwki.
e) Piec, aż skórka będzie złotobrązowa. Pokrój i podawaj na ciepło lub w temperaturze pokojowej.

20.Pana Bagnata

SKŁADNIKI:
- Bagietka Niçoise lub okrągły chleb
- Tuńczyk z puszki, odsączony
- Pomidory wiśniowe, przekrojone na połówki
- Czerwona cebula, cienko pokrojona
- Zielona papryka, pokrojona w cienkie plasterki
- Czarne oliwki, pokrojone w plasterki
- Oliwa z oliwek, ocet winny z czerwonego wina, sól i pieprz do dressingu

INSTRUKCJE:
a) Bagietkę przekroić na pół i wydrążyć część chleba ze środka.
b) W misce wymieszaj tuńczyka, pomidory, czerwoną cebulę, paprykę i oliwki.
c) W drugiej misce wymieszaj oliwę z oliwek, ocet z czerwonego wina, sól i pieprz do sosu.
d) Napełnij bagietkę mieszanką z tuńczyka, polej dressingiem i połącz połówki. Zawiń w folię i odstaw na chwilę, aby smaki się przegryzły.

21. Pasta oliwkowo kaparowa

SKŁADNIKI:
- 1 szklanka czarnych oliwek bez pestek
- 2 łyżki kaparów
- 2 filety z anchois
- 1 ząbek czosnku
- 2 łyżki świeżego soku z cytryny
- 1/4 szklanki oliwy z oliwek
- Świeża natka pietruszki do dekoracji

INSTRUKCJE:
a) W robocie kuchennym wymieszaj oliwki, kapary, anchois, czosnek i sok z cytryny.
b) Pulsuj, aż mieszanina stanie się grubą pastą.
c) Przy włączonym procesorze powoli wlewaj oliwę z oliwek, aż składniki się dobrze połączą.
d) Udekoruj posiekaną świeżą natką pietruszki. Podawać z chrupiącym pieczywem lub krakersami.

22. Tarta cebulowa Nicoise

SKŁADNIKI:
- Dwie łyżki ziół prowansalskich
- Pół szklanki masła
- Paczka ciasta na tartę
- Pół szklanki śmietanki
- Dwie łyżki mielonego czosnku
- Dwie szklanki cebuli
- Dwie łyżki oliwy z oliwek
- Masło do natłuszczenia

INSTRUKCJE:
a) Weź dużą patelnię.
b) Na patelnię dodaj olej i cebulę.
c) Podsmaż cebulę, dodaj przyprawy i czosnek do mieszanki.
d) Po ugotowaniu ostudzić.
e) Weź dużą miskę.
f) Dodać śmietanę i odpowiednio ubić.
g) Zrób pianę, a następnie dodaj masło.
h) Dokładnie wymieszaj mieszaninę, a następnie dodaj mieszaninę cebuli do masła.
i) Odpowiednio wymieszaj mieszaninę.
j) Ciasto na tartę układamy w natłuszczonych foremkach do tart.
k) Piec naczynie prawidłowo przez dziesięć do piętnastu minut.
l) Na wierzch dodaj posiekaną kolendrę.

23. Suflet serowy Niçoise

SKŁADNIKI:
- Osiem jaj
- Cztery krople soku z cytryny
- Dwie szklanki mleka
- Szczypta soli
- Pięć uncji sera Gruyere
- Pół szklanki mąki
- Pięć łyżek masła

INSTRUKCJE:
a) Weź dużą miskę.
b) Dodaj wszystkie składniki do miski.
c) Dobrze wymieszaj wszystkie składniki.
d) Wlać mieszaninę do naczynia do pieczenia.
e) Piecz naczynie przez dwadzieścia minut.

24. Wyprzedaż ciast Nicoise

SKŁADNIKI:
- Dwie łyżki oliwy z oliwek
- Pół szklanki posiekanej szalotki
- Jedna łyżeczka mielonego czosnku
- Półtorej szklanki mąki uniwersalnej
- Szczypta czarnego pieprzu
- Szczypta soli
- Pół szklanki mleka
- Półtorej szklanki sera
- Trzy całe jajka

INSTRUKCJE:
a) Weź dużą patelnię.
b) Na patelnię wlej dwie łyżki oliwy z oliwek i posiekaną szalotkę.
c) Smaż szalotki przez kilka minut, aż staną się jasnobrązowe.
d) Na patelnię dodaj posiekany czosnek.
e) Dodaj sól i czarny pieprz na patelnię i dobrze wymieszaj.
f) Wyłącz kuchenkę i poczekaj, aż mieszanina ostygnie.
g) Weź dużą miskę.
h) Do miski dodaj jajka i mleko.
i) Dobrze wymieszaj, a następnie dodaj mąkę i ugotowaną mieszaninę do miski.
j) Wszystko dobrze wymieszaj.
k) Wlać mieszaninę do natłuszczonej formy do pieczenia.
l) Dodaj ser na wierzch ciasta.
m) Włóż blachę do nagrzanego piekarnika i upiecz bochenek.
n) Rozłóż bochenek po czterdziestu minutach.

25. Tapenada z oliwek Niçoise

SKŁADNIKI:
- Półtorej szklanki anchois
- Jedna łyżka posiekanych kaparów
- Pół szklanki czarnych oliwek
- Dwie łyżki tymianku
- Pół łyżeczki soli
- Dwie łyżeczki mielonego czosnku
- Jedna łyżeczka oliwy z oliwek

INSTRUKCJE:
a) Weź blender.
b) Dodaj wszystkie składniki do blendera.
c) Zmiksuj wszystkie składniki.
d) Podawać po odpowiednim wymieszaniu.
e) Podawać z kromkami chleba.

26. Prowansalska bruschetta z bazylią pomidorową

SKŁADNIKI:
- Plasterki bagietki
- Dojrzałe pomidory, pokrojone w kostkę
- Świeża bazylia, posiekana
- Ząbki czosnku, posiekane
- Oliwa z oliwek
- Ocet balsamiczny
- Sól i pieprz do smaku

INSTRUKCJE:
a) Plasterki bagietki podpiecz w piekarniku lub na grillu.
b) W misce wymieszaj pokrojone w kostkę pomidory, bazylię, przeciśnięty przez praskę czosnek, oliwę z oliwek i ocet balsamiczny.
c) Doprawić solą i pieprzem.
d) Nałóż mieszaninę pomidorów na podpieczone plastry bagietki i podawaj.

27. Sałatka ziemniaczana nicejska

SKŁADNIKI:
- Trzy łyżki bulionu warzywnego
- Jedna szklanka marchewki
- Pół szklanki świeżego tymianku
- Jedna filiżanka ziemniaków Niçoise
- Pół łyżeczki wędzonej papryki
- Dwie łyżki posiekanego czosnku
- Pół szklanki posiekanego selera
- Dwie łyżki oliwy z oliwek
- Dwie łyżki miodu
- Pół szklanki musztardy dijon

INSTRUKCJE:
a) Weź dużą patelnię.
b) Na patelnię wlej olej i ziemniaki.
c) Smażyć ziemniaki, następnie dodać do nich bulion warzywny.
d) Gotuj ziemniaki przez około trzydzieści minut lub do momentu, aż płyn wyschnie na patelni.
e) Do miski dodać resztę składników.
f) Wszystkie składniki dobrze wymieszać, tak aby powstała jednorodna mieszanina.
g) Dodaj ugotowane ziemniaki na wierzch mieszanki.
h) Wstrząsaj sałatką, aby upewnić się, że wszystko jest dobrze wymieszane.

28.Kanapki z kurczakiem Nicoise

SKŁADNIKI:

- Dwie łyżki oliwy z oliwek
- Pół szklanki posiekanego świeżego koperku
- Jedna filiżanka gotowanego kurczaka
- Kromki chleba
- Jedna szklanka posiekanego świeżego szczypiorku
- Jedna szklanka posiekanych pomidorów
- Jedna łyżeczka mieszanki przypraw w proszku
- Jedna szklanka cebuli
- Pół łyżeczki wędzonej papryki
- Jedna filiżanka crème fraiche
- Szczypta soli
- Jedna łyżka masła
- Jedna łyżeczka czarnego pieprzu

INSTRUKCJE:

a) Weź patelnię.
b) Dodajemy olej i cebulę.
c) Smaż cebulę, aż stanie się miękka i pachnąca.
d) Dodaj do niego ugotowanego kurczaka.
e) Dodaj przyprawy.
f) Do mieszanki dodaj pozostałe składniki.
g) Weź kromki chleba i posmaruj masłem po obu stronach.
h) Zwiń go i umieść w naczyniu do pieczenia.
i) Dodaj mieszaninę na wierzch kromek chleba.
j) Piec kromki chleba przez dwadzieścia minut.

29. Dip Rouille

SKŁADNIKI:
- 1/2 szklanki majonezu
- 2 ząbki czosnku, posiekane
- 1 łyżeczka musztardy Dijon
- 1 łyżka koncentratu pomidorowego
- 1 łyżeczka papryki
- Odrobina pieprzu cayenne
- Oliwa z oliwek

INSTRUKCJE:
a) W misce wymieszaj majonez, przeciśnięty przez praskę czosnek, musztardę Dijon, koncentrat pomidorowy, paprykę i pieprz cayenne.
b) Mieszając, powoli wlewaj oliwę, aż mieszanina uzyska kremową konsystencję.
c) Podawać jako dip do świeżych warzyw, pieczywa lub jako sos do owoców morza.

30.Popcorn z ziołami prowansalskimi

SKŁADNIKI:
- Jądra popcornu
- 2 łyżki roztopionego masła
- 1 łyżeczka ziół prowansalskich (suszona mieszanka cząbru, majeranku, rozmarynu, tymianku i oregano)
- Sól dla smaku

INSTRUKCJE:
a) Rozgnieć ziarna popcornu zgodnie z instrukcją na opakowaniu.
b) Posmaruj roztopionym masłem popcorn i wymieszaj, aby równomiernie się pokrył.
c) Posyp popcorn ziołami prowansalskimi i solą, ponownie wymieszaj, aby rozprowadzić smaki.

31. Crostini Z Kozim Serem i Miodem

SKŁADNIKI:
- Plasterki bagietki
- Ser kozi
- Miód
- Świeże liście tymianku

INSTRUKCJE:
a) Plasterki bagietki podsmaż na złoty kolor.
b) Na każdym plasterku posmaruj kozim serem.
c) Posyp kozim serem miodem i udekoruj listkami świeżego tymianku.
d) Podawać jako pyszną i łatwą do przygotowania przekąskę.

SAŁATKI

32. Klasyczna sałatka Niçoise z grillowanym tuńczykiem

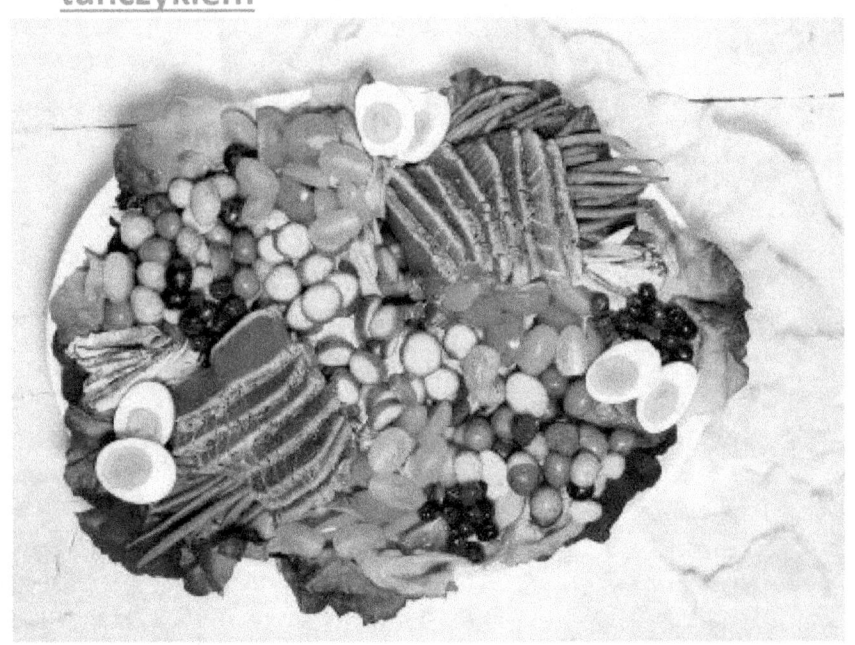

SKŁADNIKI:
- Świeże steki z tuńczyka
- Mieszane sałaty zielone (takie jak sałata rzymska)
- Pomidory wiśniowe, przekrojone na połówki
- Oliwki Niçoise
- Jajka na twardo, pokrojone w plasterki
- Fasola szparagowa, blanszowana
- Czerwone ziemniaki, ugotowane i pokrojone
- Anchois (opcjonalnie)
- Do dressingu oliwa z oliwek i ocet z czerwonego wina
- Świeża bazylia lub natka pietruszki do dekoracji

INSTRUKCJE:
a) Grilluj steki z tuńczyka według własnych upodobań.
b) Ułóż sałatę na talerzu i połóż na niej pomidorki koktajlowe, oliwki Niçoise, pokrojone jajka na twardo, fasolkę szparagową i gotowane ziemniaki.
c) Na wierzchu ułóż grillowanego tuńczyka.
d) W razie potrzeby udekoruj anchois, skrop oliwą z oliwek i octem z czerwonego wina i posyp świeżą bazylią lub natką pietruszki.

33. Sałatka z tuńczyka nicejskiego

SKŁADNIKI:
- 1 ½ szklanki młodych ziemniaków lub 1 duży rdzawy lub czerwony ziemniak pokrojony w plasterki
- 1 łyżka oliwy z oliwek
- 1 ząbek czosnku, zmiażdżony lub 1 łyżeczka posiekanego czosnku w słoiku
- Szczypta soli
- Czarny pieprz do smaku
- 4 szklanki wiosennej mieszanki sałat
- 1 szklanka ugotowanej zielonej fasolki
- 2 jajka na miękko, obrane ze skorupek i pokrojone w plasterki
- 1 5-uncjowa puszka tuńczyka w oleju, odsączona
- Wybierz sos sałatkowy Miodowy Dijon

INSTRUKCJE:
a) Rozgrzej piekarnik do 425 stopni.
b) Ziemniaki układamy na blasze wyłożonej papierem do pieczenia. Ziemniaki skrop oliwą. Dodać czosnek, następnie wymieszać, wymieszać z czosnkiem i posmarować ziemniaki oliwą.
c) Piec przez 25 minut lub do momentu, aż widelec będzie miękki. Odstawić do ostygnięcia, następnie pokroić w centymetrowe plastry.
d) Rozłóż mieszankę wiosenną równomiernie na dwóch talerzach. Na każdym talerzu połóż jedno pokrojone jajko. Ułóż zieloną fasolkę obok jajka. Następnie dodaj tuńczyka.
e) Połóż ziemniaki na talerzu sałatkowym.
f) Każdą sałatkę równomiernie skrop sosem sałatkowym Go-to Honey Dijon i podawaj.

34. Sałatka nicoise ze słoika Mason

SKŁADNIKI:
- 2 średnie jajka
- 2 ½ szklanki przekrojonej na pół zielonej fasolki
- 3 (7-uncjowe) puszki tuńczyka białego zalane wodą, odsączone i opłukane
- ¼ szklanki oliwy z oliwek z pierwszego tłoczenia
- 2 łyżki czerwonego octu winnego
- 2 łyżki pokrojonej w kostkę czerwonej cebuli
- 2 łyżki posiekanych świeżych liści pietruszki
- 1 łyżka posiekanych świeżych liści estragonu
- 1 ½ łyżeczki musztardy Dijon
- Sól koszerna i świeżo zmielony czarny pieprz do smaku
- 1 szklanka przekrojonych na połówki pomidorków koktajlowych
- 4 szklanki porwanej sałaty masłowej
- 3 szklanki liści rukoli
- 12 oliwek Kalamata
- 1 cytryna, pokrojona w ćwiartki (opcjonalnie)

INSTRUKCJE:

a) Umieść jajka w dużym rondlu i zalej zimną wodą na głębokość 1 cala. Doprowadzić do wrzenia i gotować przez 1 minutę. Przykryj garnek szczelnie przylegającą pokrywką i zdejmij z ognia; odstaw na 8 do 10 minut.

b) Tymczasem w dużym garnku z wrzącą, osoloną wodą blanszuj fasolkę szparagową do uzyskania jasnozielonego koloru, około 2 minut. Odcedzić i ostudzić w misce z lodowatą wodą. Dobrze odcedź. Odcedź jajka i poczekaj, aż ostygną, a następnie obierz je i przekrój wzdłuż na pół.

c) W dużej misce wymieszaj tuńczyka, oliwę z oliwek, ocet, cebulę, pietruszkę, estragon i Dijon, aż się połączą; dopraw solą i pieprzem do smaku.

d) Podziel mieszaninę tuńczyka na 4 (32 uncje) szklane słoiki z szerokimi otworami i pokrywkami. Na wierzch ułóż fasolkę szparagową, jajka, pomidory, sałatę masłową, rukolę i oliwki. Przechowywać w lodówce do 3 dni.

e) Przed podaniem wstrząśnij zawartością słoiczka. Podawaj natychmiast, jeśli chcesz, z cząstkami cytryny.

35. Sałatka Niçoise z białej ryby

SKŁADNIKI:

- 2 filety z białej ryby, ugotowane i płatkowane
- 4 szklanki mieszanej sałaty zielonej
- 4 jajka na twardo, przekrojone na połówki
- 1 szklanka pomidorków koktajlowych, przekrojonych na połówki
- 1/2 szklanki pokrojonych w plasterki ogórków
- 1/4 szklanki pokrojonych w plasterki czarnych oliwek
- 2 łyżki kaparów
- Sok z 1 cytryny
- 3 łyżki oliwy z oliwek
- Sól i pieprz do smaku

INSTRUKCJE:

a) W dużej misce sałatkowej połącz płatki białej ryby, mieszankę sałat, przekrojone na pół jajka na twardo, pomidorki koktajlowe, pokrojone w plasterki ogórki, pokrojone czarne oliwki i kapary.
b) W małej misce wymieszaj sok z cytryny, oliwę z oliwek, sól i pieprz, aby przygotować dressing.
c) Sosem polej sałatkę i delikatnie wymieszaj, aby składniki się połączyły.
d) Sałatkę Niçoise z białej ryby podawaj schłodzoną.

36.Sałatka Nicoise

SKŁADNIKI:

- 3 szklanki wcześniej ugotowanej fasolki szparagowej w misce
- 3 ćwiartki pomidorów w misce
- ¾ do 1 szklanki winegretu
- 1 główka sałaty bostońskiej, oddzielona, umyta i osuszona
- Duża salaterka lub płytkie naczynie
- 3 szklanki zimnej francuskiej sałatki ziemniaczanej (poprzedni przepis)
- ½ szklanki czarnych oliwek bez pestek, najlepiej wytrawnych typu śródziemnomorskiego
- 3 jajka na twardo, zimne, obrane i pokrojone na ćwiartki
- 12 filetów z sardeli w puszce, odsączonych, płaskich lub zawiniętych w kapary
- Około 1 szklanki (8 uncji) tuńczyka z puszki, odsączonego

INSTRUKCJE:

a) Wrzuć liście sałaty do salaterki z ¼ szklanki winegretu i ułóż liście wokół miski.
b) Na dnie miski ułóż ziemniaki, udekoruj fasolą i pomidorami, przeplatając je motywem tuńczyka, oliwek, jajek i anchois.
c) Sałatkę polej pozostałym sosem, posyp ziołami i podawaj.

37. Miski z soczewicą i wędzonym łososiem Niçoise

SKŁADNIKI:

- ¾ szklanki (144 g) francuskiej soczewicy
- Sól koszerna i świeżo zmielony czarny pieprz
- 8 ziemniaków w palcach, przekrojonych wzdłuż na połówki
- 2 łyżki (30 ml) oliwy z awokado lub oliwy z oliwek z pierwszego tłoczenia, podzielone
- 1 szalotka, pokrojona w kostkę
- 6 uncji (168 g) zielonej fasolki, przyciętej
- 2 pakowane kubki (40 g) rukoli
- 1 szklanka (150 g) pomidorów winogronowych przekrojonych na połówki
- 8 rzodkiewek pokrojonych w ćwiartki
- 1 bulwa kopru włoskiego, przycięta i pokrojona w cienkie plasterki
- 4 jajka na twardo, przekrojone na połówki
- 4 uncje (115 g) wędzonego łososia pokrojonego w cienkie plasterki
- 1 przepis Winegret z białego wina i cytryny

INSTRUKCJE:

a) Rozgrzej piekarnik do 425°F (220°C lub stopień gazu 7).
b) Dodaj soczewicę i dużą szczyptę soli do średniego rondelka i zalej wodą na głębokość co najmniej 5 cm. Doprowadzić do wrzenia, następnie zmniejszyć ogień do małego i gotować na wolnym ogniu do miękkości, około 25 minut. Odcedź nadmiar wody.
c) Ziemniaki wymieszać z 1 łyżką stołową (15 ml) oliwy, solą i pieprzem. Ułożyć w jednej warstwie na blasze do pieczenia z brzegiem. Piecz do miękkości i lekko rumianego koloru, około 20 minut. Odłożyć na bok.
d) W międzyczasie rozgrzej pozostałą 1 łyżkę stołową (15 ml) oleju na patelni na średnim ogniu. Smażyć szalotkę do miękkości, około 3 minut. Dodaj zieloną fasolkę i dopraw solą i pieprzem.
e) Gotuj, mieszając od czasu do czasu, aż będzie miękka, około 5 minut.
f) Przed podaniem rozłóż soczewicę i rukolę pomiędzy miskami. Na wierzch ułóż chrupiące ziemniaki, fasolkę szparagową, pomidory, rzodkiewkę, koper włoski, jajko i wędzonego łososia.
g) Skropić winegretem z białego wina i cytryny.

38. Sałatka z smażonego tuńczyka błękitnopłetwego Niçoise

SKŁADNIKI:
SAŁATKA
- 225 g małych czerwonych ziemniaków
- 4 duże jajka
- Duża garść mieszanych sałat
- 400 g Tuńczyka błękitnopłetwego Dinko z południa
- 200 g pomidorków koktajlowych
- ½ szklanki oliwek niçoise
- Sól i pieprz

UBIERANIE SIĘ
- 1/3 szklanki oliwy z oliwek
- 1/3 szklanki czerwonego octu winnego
- 1 łyżka musztardy Dijon

INSTRUKCJE:
a) Do szklanego słoika wlej oliwę z oliwek, ocet winny i musztardę Dijon i wstrząśnij.
b) Jajka włóż do dużego rondla i zalej wodą. Gdy woda się zagotuje, wyłącz palnik i odstaw na 10-15 minut. Odcedź wodę z rondla, zalej zimną wodą i odstaw do ostygnięcia.
c) Ziemniaki obieramy, kroimy w ćwiartki, wkładamy do rondla i zalewamy wodą. Doprowadzić do wrzenia, następnie zmniejszyć ogień i gotować przez 12 minut.
d) Rozgrzej dużą żeliwną patelnię na średnim ogniu, a następnie delikatnie pokryj ją sprayem kuchennym.
e) Steki z tuńczyka błękitnopłetwego Dinko Southern Bluefin posyp solą i pieprzem, a następnie umieść tuńczyka na patelni. Smaż tuńczyka po 2 minuty z każdej strony. Odłóż na bok i pozostaw do ostygnięcia.
f) Usuń jajka z wody; obierz i przekrój wzdłuż na pół.
g) Steki z tuńczyka pokrój w poprzek włókien.
h) W dużej misce połącz pomidory, oliwki, mieszankę sałat i ziemniaki. Delikatnie wymieszaj.
i) Podziel mieszankę sałat na cztery talerze; na wierzchu połóż plasterki tuńczyka i jajka.
j) Skropić dressingiem i podawać.

39. Zdekonstruowana sałatka nicejska

SKŁADNIKI:
- Steki z tuńczyka - po jednym na osobę, grillowane z oliwą z oliwek, solą i pieprzem
- 2 młode ziemniaki na osobę
- 5-8 fasoli na osobę
- 10 oliwek na osobę
- 1 jajko na miękko na osobę
- Majonez anchois

INSTRUKCJE:
a) Ziemniaki ugotuj i pokrój w ósemki.
b) Obierz jajka na miękko.
c) Zblanszuj fasolę.
d) Grilluj steki z tuńczyka.
e) Konstruuj, kończąc na stekach z tuńczyka na wierzchu.
f) Skropić majonezem z anchois.

40. Sałatka nicejska z grillowanym tuńczykiem

SKŁADNIKI:

- 2 łyżki octu szampańskiego
- 1 łyżka posiekanego estragonu
- 1 łyżeczka musztardy Dijon
- 1 mała szalotka, drobno posiekana
- 1/2 łyżeczki drobnej soli morskiej
- 1/4 łyżeczki mielonego czarnego pieprzu
- 1/4 szklanki oliwy z oliwek
- 1 (1-funtowy) świeży lub mrożony i rozmrożony stek z tuńczyka
- Spray do smażenia na oliwie z oliwek
- 1 1/2 funta małych młodych ziemniaków, gotowanych do miękkości i ostudzonych
- 1/2 funta zielonej fasolki, przyciętej, gotowanej do miękkości i ostudzonej
- 1 szklanka przekrojonych na połówki pomidorków koktajlowych
- 1/2 szklanki oliwek nicejskich bez pestek
- 1/2 szklanki cienko pokrojonej czerwonej cebuli
- 1 jajko na twardo, obrane i pokrojone w ósemki (opcjonalnie)

INSTRUKCJE:

a) Wymieszaj ocet, estragon, Dijon, szalotkę, sól i pieprz. Powoli dolewaj oliwę z oliwek, aby zrobić winegret.
b) Steki z tuńczyka skrop 2 łyżkami winegretu, przykryj i schładzaj przez 30 minut.
c) Spryskaj grill sprayem kuchennym i rozgrzej go do średniego poziomu. Grilluj tuńczyka, aż będzie ugotowany do pożądanego stopnia wysmażenia (5 do 7 minut z każdej strony).
d) Tuńczyka pokrój na duże kawałki. Na dużym talerzu ułóż tuńczyka, ziemniaki, fasolkę szparagową, pomidory, oliwki, cebulę i jajko. Podawać z pozostałym winegretem z boku.

41.Sałatka Nicoise Mostaccioli

SKŁADNIKI:
- 1 funt makaronu Mostaccioli lub penne, niegotowanego
- 2 funty świeżej fasolki szparagowej, gotowanej na parze do miękkości i chrupkości
- 2 średnie zielone papryki, pokrojone na kawałki
- 1 litr pomidorków cherry, pokrojonych w ćwiartki
- 2 szklanki pokrojonego selera
- 1 szklanka pokrojonej zielonej cebuli
- 10-20 dojrzałych oliwek bez pestek (Kalamata), pokrojonych w plasterki (lub do smaku)
- 2 (7-uncjowe) puszki białego tuńczyka (Albacore) napełnione wodą, odsączone i płatkowane

UBIERANIE SIĘ:
- 1/2 szklanki oliwy z oliwek lub oleju roślinnego
- 1/4 szklanki czerwonego octu winnego
- 3 ząbki czosnku, posiekane
- 4 łyżeczki musztardy typu Dijon
- 1 łyżeczka dowolnej przyprawy ziołowej bez soli
- 1 łyżeczka liści bazylii (świeżych lub suszonych)
- 1/4 łyżeczki pieprzu

INSTRUKCJE:

a) Przygotuj makaron zgodnie z instrukcją na opakowaniu.

b) Podczas gotowania makaronu posiekaj warzywa i oliwki, połącz z tuńczykiem w dużej misce.

c) Wymieszaj oliwę, ocet, czosnek, musztardę, przyprawę ziołową, bazylię i pieprz.

d) Gdy makaron będzie gotowy, odcedź go i dodaj do dużej miski z warzywami.

e) Sosem polej makaron i dokładnie wymieszaj.

f) Przykryj i schładzaj, aż smaki się połączą (około 1-2 godzin, dłużej dla lepszego smaku).

g) Mieszaj od czasu do czasu, aż się ochłodzi, a następnie podawaj i ciesz się smakiem!

42.Klasyczna Sałatka Nicejska Z Tuńczykiem

SKŁADNIKI:

- 115 g zielonej fasolki (okrojonej i przekrojonej na pół)
- 115 g mieszanych liści sałat
- 1/2 małego ogórka (pokrojonego w cienkie plasterki)
- 4 dojrzałe pomidory (w ćwiartkach)
- 50g anchois z puszki (odsączonych) – opcjonalnie
- 4 jajka (na twardo i w ćwiartkach LUB w koszulce)
- 1 mała puszka tuńczyka w solance
- Sól i mielony czarny pieprz
- 50g małych czarnych oliwek – opcjonalnie

UBIERANIE SIĘ:

- 4 łyżki oliwy z oliwek z pierwszego tłoczenia
- 2 ząbki czosnku (zmiażdżone)
- 1 łyżka białego octu winnego

INSTRUKCJE:

a) Aby przygotować sos, wymieszaj 3 ostatnie składniki i dopraw do smaku solą i czarnym pieprzem, a następnie odłóż na bok.
b) Gotuj fasolkę szparagową przez około 2 minuty (blanszowanie) lub do momentu, aż będzie lekko miękka, następnie odcedź.
c) W dużej misce wymieszaj liście sałaty, ogórek, pomidory, fasolkę szparagową, anchois, oliwki i sos.
d) Całość posyp pokrojonymi w ćwiartki jajkami i płatkami tuńczyka (aby nie stracił kształtu).
e) Podawaj natychmiast i ciesz się smakiem!

43. Sałatka nicejska z wędzonym łososiem Niçoise

SKŁADNIKI:

- Jedna szklanka marchewki
- Pół szklanki świeżego tymianku
- Jedna filiżanka wędzonego łososia
- Pół łyżeczki wędzonej papryki
- Dwie łyżki mielonego czosnku
- Pół szklanki posiekanego selera
- Dwie łyżki oliwy z oliwek
- Dwie łyżki miodu
- Ser kozi, jedna filiżanka
- Musztarda Dijon, pół szklanki

INSTRUKCJE:

a) Weź dużą miskę.
b) Dodaj wszystkie składniki do miski.
c) Wszystkie składniki dobrze wymieszać, tak aby powstała jednorodna mieszanina.
d) Wstrząsaj sałatką, aby upewnić się, że wszystko jest dobrze wymieszane.

44. Sałatka Nicejska z Tuńczyka i Anchois

SKŁADNIKI:

- 8 małych czerwonych ziemniaków (ugotowanych)
- 2 funty zielonej fasolki (blanszowanej)
- 10 owalnych pomidorków koktajlowych
- 1 mała fioletowa cebula (pokrojona w cienkie plasterki)
- 1/2 szklanki oliwek (bez pestek)
- 6 jajek na twardo (w ćwiartkach)
- 2 puszki 12 uncji białego tuńczyka (w oleju)
- 2 uncje filetów z sardeli (opcjonalnie)
- Sos: 1 łyżka musztardy Dijon, 4 łyżki octu winnego z czerwonego wina, 1/2 szklanki oliwy z oliwek, 1 łyżeczka cukru, 1/2 łyżeczki soli, 1/2 łyżeczki pieprzu, 1/4 szklanki drobno posiekanej natki pietruszki

INSTRUKCJE:

a) Ziemniaki ugotuj, pokrój na ćwiartki, gdy ostygną. Ugotuj i pokrój jajka. Zblanszuj fasolę i ostudź.

b) Musztardę i ocet ubić na gładką masę. Małym strumieniem dodawaj oliwę z oliwek, ubijaj, aż zgęstnieje. Dodać cukier, sól, pieprz i posiekaną natkę pietruszki.

c) Wymieszaj sałatkę, polej większością sosu, ułóż jajka wokół naczynia, tuńczyka na środku i skrop pozostałym dressingiem tuńczyka i jajka.

45.Załadowana sałatka nicejska

SKŁADNIKI:

- 1 główka sałaty rzymskiej, porwana na małe kawałki
- 1 główka sałaty bostońskiej lub Bibb
- 2 lub 3 puszki tuńczyka, odsączone
- 1 puszka serc karczochów, odsączonych
- 1 szklanka pomidorków winogronowych
- 6-8 zielonych cebul, oczyszczonych
- 6-8 małych młodych czerwonych ziemniaków, gotowanych na parze, pozostawionych w skórkach
- 1 puszka filetów z sardeli namoczona w mleku i osuszona
- 3/4 funta świeżej fasolki szparagowej, blanszowanej
- 4 jajka ugotowane na twardo, pokrojone w ćwiartki
- 2 szalotki, posiekane
- 1 ząbek czosnku, zmiażdżony
- 1,5 łyżeczki soli
- Świeży, krakingowy czarny pieprz
- 2 łyżki musztardy Dijon
- 1/3 szklanki czerwonego octu winnego
- 2/3 szklanki łagodnej oliwy z oliwek z pierwszego tłoczenia
- 3 łyżki odsączonych kaparów (zarezerwowane do dekoracji)

INSTRUKCJE:

a) Przygotuj sałatkę zgodnie z instrukcją, zapewniając chrupiącą fasolę i delikatne ziemniaki.

b) Przygotuj sos sałatkowy, mieszając szalotkę, czosnek, musztardę, sól i pieprz z octem.

c) Podczas ubijania powoli dodawaj olej.

d) Ugotowane, ogrzane ziemniaki wymieszać z 2 łyżkami przygotowanego sosu.

e) Wymieszaj zieloną fasolkę z niewielką łyżką sosu.

f) Złóż sałatkę, układając sałatę, tuńczyka, jajka i nie tylko. Skropić dressingiem.

g) Udekoruj kaparami. Podawać z pozostałym dressingiem z boku.

46. Miski z soczewicą i wędzonym łososiem Niçoise

SKŁADNIKI:

- ¾ szklanki (144 g) francuskiej soczewicy
- Sól koszerna i świeżo zmielony czarny pieprz
- 8 ziemniaków w palcach, przekrojonych wzdłuż na połówki
- 2 łyżki (30 ml) oliwy z awokado lub oliwy z oliwek z pierwszego tłoczenia, podzielone
- 1 szalotka, pokrojona w kostkę
- 6 uncji (168 g) zielonej fasolki, przyciętej
- 2 pakowane kubki (40 g) rukoli
- 1 szklanka (150 g) pomidorów winogronowych przekrojonych na połówki
- 8 rzodkiewek pokrojonych w ćwiartki
- 1 bulwa kopru włoskiego, przycięta i pokrojona w cienkie plasterki
- 4 jajka na twardo, przekrojone na połówki
- 4 uncje (115 g) wędzonego łososia pokrojonego w cienkie plasterki
- 1 przepis Winegret z białego wina i cytryny

INSTRUKCJE

a) Rozgrzej piekarnik do 425°F (220°C lub stopień gazu 7).

b) Dodaj soczewicę i dużą szczyptę soli do średniego rondelka i zalej wodą na głębokość co najmniej 5 cm. Doprowadzić do wrzenia, następnie zmniejszyć ogień do małego i gotować na wolnym ogniu do miękkości, około 25 minut. Odcedź nadmiar wody.

c) Ziemniaki wymieszać z 1 łyżką stołową (15 ml) oliwy, solą i pieprzem. Ułożyć w jednej warstwie na blasze do pieczenia z brzegiem. Piecz do miękkości i lekko rumianego koloru, około 20 minut. Odłożyć na bok.

d) W międzyczasie rozgrzej pozostałą 1 łyżkę stołową (15 ml) oleju na patelni na średnim ogniu. Smażyć szalotkę do miękkości, około 3 minut. Dodaj zieloną fasolkę i dopraw solą i pieprzem. Gotuj, mieszając od czasu do czasu, aż będzie miękka, około 5 minut.

e) Przed podaniem rozłóż soczewicę i rukolę pomiędzy miskami. Na wierzch ułóż chrupiące ziemniaki, fasolkę szparagową, pomidory, rzodkiewkę, koper włoski, jajko i wędzonego łososia. Skropić winegretem z białego wina i cytryny.

DANIE GŁÓWNE

47.Okłady Socca Nicoise

SKŁADNIKI:
- 3 jajka
- 150 g drobnej fasolki szparagowej, z wierzchołkiem, ogonkiem i pokrojonym na 3 cm kawałki
- 160 g dojrzałych pomidorków koktajlowych, pokrojonych w ćwiartki
- 1 papryka Romano, pokrojona w kostkę
- 1/3 ogórka, pokrojonego w kostkę
- 4 filety z anchois, posiekane
- garść pestek czarnych oliwek Niçoise
- kilka listków bazylii, grubo porwanych
- olej roślinny do smażenia
- 1 x 225g słoik najwyższej jakości tuńczyka, odsączonego i płatkowanego
- garść roszponki
- sól i świeżo zmielony czarny pieprz

DLA SOCCA
- 250g mąki z ciecierzycy
- 3 łyżki oliwy z oliwek
- gałązka rozmarynu, zerwana i posiekana
- do opatrunku
- 3 łyżki oliwy z oliwek
- 2 łyżki czerwonego octu winnego
- 1 ząbek czosnku, obrany
- szczypta cukru pudru
- ½ łyżeczki musztardy Dijon

INSTRUKCJE:

a) Zacznij od przygotowania ciasta na socca. W misce wymieszaj mąkę z ciecierzycy z 500 ml zimnej wody, oliwą z oliwek i rozmarynem, dobrze dopraw solą i pieprzem. Przykryć i wstawić do lodówki na kilka godzin, aby ciasto ostygło.

b) Aby przygotować sos, wszystkie składniki umieść w szczelnie zamkniętym słoiczku po dżemie, dopraw do smaku solą i pieprzem i dobrze wstrząśnij. Lub aby uzyskać supergładki i doskonale zemulgowany dressing, umieść wszystkie składniki w dzbanku i zmiksuj blenderem ręcznym, aż uzyskasz kremową konsystencję. Odłożyć na bok.

c) Jajka włóż do garnka z zimną wodą, zagotuj i gotuj przez 5–6 minut. Przepłucz pod zimną wodą, aż ostygnie na tyle, że będzie można go wziąć, a następnie obierz i pokrój każdy na ćwiartki. Odłożyć na bok.

d) Fasolkę szparagową wrzucić do wrzącej wody i gotować przez około 4 minuty, aż będzie miękka. Dobrze odcedź i odśwież pod zimną bieżącą wodą, aby szybko ostygnąć i zatrzymać gotowanie. Przełóż do dużej miski i dodaj pomidory, paprykę, ogórek, anchois, oliwki i bazylię. Polej dressingiem i dobrze wymieszaj, aby wymieszać. Jeśli jednak robisz to wcześniej, nie ubieraj sałatki, dopóki nie będziesz gotowa do spożycia.

e) Wyjmij ciasto socca z lodówki i wymieszaj na koniec. Na tym etapie możesz, jeśli chcesz, podzielić go na 6 szklanek, aby naleśniki były jednakowej wielkości. Możesz też zrobić tak jak ja i zgadnąć! Jedna chochla na naleśnik wystarczy. Weź dużą (28–30 cm) patelnię z powłoką nieprzywierającą i postaw ją na średnim ogniu. Gdy będzie już gorąco, dodaj odrobinę oleju i posmaruj nim całą powierzchnię patelni kawałkiem zgniecionego papieru kuchennego. Zrób pierwszy naleśnik, wlewając ciasto i obracając je, aby rozprowadzić je na okrągły naleśnik. Gotuj przez kilka minut, a następnie przewróć na drugą stronę i smaż plasterek ryby przez kolejne kilka minut. Wyjmij na talerz i trzymaj w ciepłym piekarniku (około 110°C/90°C z termoobiegiem/gazem ¼), powtarzając tę czynność z resztą ciasta, aby otrzymać 6 naleśników.

f) Przed podaniem połóż naleśniki na talerzu na środku stołu, razem z sałatką, tuńczykiem, ćwiartkami jaj i sałatą, a następnie pozwól gościom napełnić i zawinąć własne naleśniki. Można je też samemu złożyć i szczelnie zawinąć w folię i gotowe do spożycia.

48. Łosoś smażony na patelni Niçoise

SKŁADNIKI:
- Filety z łososia
- Mieszane sałaty zielone
- Pomidory wiśniowe, przekrojone na połówki
- Oliwki Niçoise
- Jajka na twardo, pokrojone w plasterki
- Fasola szparagowa, blanszowana
- Młode ziemniaki, ugotowane i przekrojone na pół
- kapary
- cząstki cytryny
- Oliwa z oliwek i musztarda Dijon do dressingu

INSTRUKCJE:
a) Przypraw filety z łososia i smaż na patelni, aż będą ugotowane.
b) Ułóż sałatę na talerzu i połóż na niej pomidorki koktajlowe, oliwki Niçoise, pokrojone jajka na twardo, fasolkę szparagową i młode ziemniaki.
c) Na wierzchu ułóż podsmażonego na patelni łososia.
d) Posyp kaparami, wyciśnij ćwiartki cytryny i skrop dressingiem z oliwy z oliwek i musztardy Dijon.

49. Szaszłyki z kurczaka Nicoise

SKŁADNIKI:

- Pierś z kurczaka, pokrojona w kawałki
- pomidory koktajlowe
- Oliwki Niçoise
- Czerwona cebula, pokrojona w kawałki
- Papryka, pokrojona w kawałki
- Cukinia, pokrojona w plasterki
- Oliwa z oliwek, czosnek i zioła do marynaty
- Szaszłyki do grillowania

INSTRUKCJE:

a) Kawałki kurczaka marynujemy w oliwie z oliwek, przeciśniętym przez praskę czosnkiem i ziołami.
b) Na patyczki do szaszłyków nabijamy marynowanego kurczaka, pomidorki koktajlowe, oliwki Niçoise, czerwoną cebulę, paprykę i cukinię.
c) Grilluj szaszłyki, aż kurczak będzie ugotowany, a warzywa miękkie.
d) Podawać z kuskusem lub prostą sałatką.

50. Wegetariański Niçoise Ratatouille

SKŁADNIKI:

- Bakłażan, pokrojony w kostkę
- Cukinia, pokrojona w plasterki
- Papryka, pokrojona w kostkę
- Pomidory wiśniowe, przekrojone na połówki
- Czerwona cebula, pokrojona w plasterki
- Czosnek, mielony
- Oliwa z oliwek
- Zioła prowansalskie
- Czarne oliwki
- kapary
- Świeża bazylia do dekoracji

INSTRUKCJE:

a) Podsmaż pokrojony w kostkę bakłażan, pokrojoną w plasterki cukinię, pokrojoną w kostkę paprykę, pomidorki koktajlowe i pokrojoną w plasterki czerwoną cebulę na oliwie z oliwek, aż warzywa będą miękkie.
b) Dodaj posiekany czosnek i zioła prowansalskie dla smaku.
c) Wymieszaj czarne oliwki i kapary.
d) Przed podaniem udekoruj świeżą bazylią.

51. Ratatuj Prowansalski

SKŁADNIKI:

- 1 bakłażan, pokrojony w kostkę
- 2 cukinie, pokrojone w plasterki
- 1 papryka, pokrojona w kostkę
- 2 pomidory pokrojone w kostkę
- 1 cebula, drobno posiekana
- 3 ząbki czosnku, posiekane
- Świeży tymianek i rozmaryn
- Oliwa z oliwek
- Sól i pieprz do smaku

INSTRUKCJE:

a) Cebulę i czosnek podsmaż na oliwie, aż zmiękną.
b) Dodać bakłażana, cukinię, paprykę i pomidory. Gotuj, aż warzywa będą miękkie.
c) Wymieszaj świeży tymianek i rozmaryn. Doprawić solą i pieprzem.
d) Dusić przez 20-30 minut. Podawać jako dodatek do drugiego dania lub z chrupiącym pieczywem.

52. Sałatka z tuńczyka i białej fasoli

SKŁADNIKI:

- Fasola biała z puszki, odsączona i opłukana
- Tuńczyk z puszki, odsączony
- Czerwona cebula, cienko pokrojona
- Pomidory wiśniowe, przekrojone na połówki
- Świeża pietruszka, posiekana
- Winegret cytrynowy (sok z cytryny, oliwa z oliwek, musztarda Dijon)
- Sól i pieprz do smaku

INSTRUKCJE:

a) W misce wymieszaj białą fasolę, tuńczyka, czerwoną cebulę, pomidorki koktajlowe i pietruszkę.
b) W osobnej misce wymieszaj sok z cytryny, oliwę z oliwek i musztardę Dijon na winegret.
c) Sałatkę polej sosem winegret i wymieszaj.
d) Doprawić solą i pieprzem. Podać schłodzone.

53. Klasyczna sałatka Niçoise Lyonnaise

SKŁADNIKI:
- Jeden funt gotowanych kawałków pancetty
- Cztery szklanki mieszanych warzyw
- Dwie łyżki oliwy z oliwek
- Dwa ząbki czosnku
- Jedna szklanka czerwonej cebuli
- Cztery jajka na twardo
- Jedna łyżka musztardy Dijon
- Dwie łyżki octu
- Szczypta soli
- Szczypta czarnego pieprzu

INSTRUKCJE:
a) Weź miskę.
b) Do miski dodać mokre składniki.
c) Dobrze wymieszaj.
d) Do miski dodaj resztę składników.
e) Dobrze wymieszaj, aby uzyskać homogenizowaną mieszaninę.

54. Niçoise Zapiekanka z pasternaku z tymiankiem i Gruyere

SKŁADNIKI:

- Dwie łyżki cukru pudru
- Pół szklanki plasterków pasternaku
- Pół łyżki zmielonych goździków
- Pół łyżki cynamonu
- Pół łyżki gałki muszkatołowej
- Pół szklanki niesolonego masła
- Pół łyżeczki suszonego tymianku
- Dwa jajka
- Pół szklanki kremu z kamienia nazębnego
- Dwie szklanki mąki uniwersalnej
- Jedna filiżanka startego sera Gruyere

INSTRUKCJE:

a) Weź dużą patelnię.
b) Podgrzej go na średnim ogniu.
c) Dodaj do niego cukier.
d) Podgrzewaj, aż zmieni kolor na złocisty karmel.
e) Dodaj plasterki pasternaku, cynamon, goździki i gałkę muszkatołową.
f) Zwiększ ogień i gotuj przez pięć minut.
g) Zdjąć z ognia i pozostawić do ostygnięcia.
h) Weź dużą miskę i dodaj do niej ser.
i) Dodajemy do niego krem tartarny i mąkę.
j) Do miski dodać ugotowany pasternak i resztę składników.
k) Dodaj składniki do naczynia do pieczenia.
l) Piec składniki przez dziesięć do piętnastu minut.

55. Filet Mignon Niçoise z sosem Béarnaise

SKŁADNIKI:

- Dwa żółtka
- Dwie łyżki oliwy z oliwek
- Pół szklanki musztardy Dijon
- Jedna filiżanka sosu Worcestershire
- Dwie łyżeczki posiekanych kaparów
- Jeden funt filetów stekowych
- Jedna filiżanka pasty z anchois
- Jedna łyżka czarnego pieprzu
- Dwie łyżki brandy
- Dwie łyżki Pernodu
- Pół łyżeczki soli
- Posiekany świeży szczypiorek
- Pół szklanki sosu bearnaise

INSTRUKCJE:

a) Weź dużą miskę.
b) Do miski dodaj suszone składniki.
c) Dobrze wymieszaj.
d) Do miski dodaj puree z anchois.
e) Dodaj brandy, Pernod i przyprawy.
f) Dodaj stek i resztę składników.
g) Dobrze wymieszaj składniki.
h) Dodaj sól i czarny pieprz do kawałków steku.
i) Grilluj kawałki steku.
j) Rozłóż kawałki, gdy stek będzie ugotowany z obu stron.
k) Na wierzch polewamy sosem bearnaise.

56. Niçoise z wołowiną po bourguignon

SKŁADNIKI:
- Jedna szklanka posiekanego boczku
- Dwie łyżki oliwy z oliwek
- Jedna szklanka posiekanej białej cebuli
- Jedna łyżka posiekanego czosnku
- Trzy łyżki mąki uniwersalnej
- Dwie szklanki mielonej wołowiny
- Trzy szklanki kawałków wołowiny
- Jedna kostka bulionu wołowego
- Trzy szklanki czerwonego wina
- Jedna łyżeczka mielonego czosnku
- Jeden funt brązowych grzybów
- Trzy łyżki miękkiego masła
- Jedna filiżanka mieszanego sera
- Jedna gałązka świeżego, posiekanego rozmarynu
- Jedna gałązka świeżego, posiekanego tymianku
- Jedna gałązka posiekanej świeżej pietruszki
- Dwie szklanki bulionu wołowego
- Jedno opakowanie ciasta na pierogi

INSTRUKCJE:
a) Weź dużą patelnię.
b) Na patelnię dodaj masło i cebulę.
c) Na patelnię dodaj przyprawy, zioła i pomidory.
d) Dobrze ugotuj mieszaninę.
e) Dodaj mielone mięso wołowe i kawałki wołowiny na patelnię.
f) Dodaj bulion wołowy i przykryj patelnię, aby mięso dobrze się usmażyło.
g) Gdy masa wołowa wyschnie, dodaj resztę składników.
h) Dobrze ugotuj mieszaninę.
i) Ciasto na pierogi ułożyć w natłuszczonym naczyniu do pieczenia.
j) Wlać mieszaninę bourguignon i przykryć większą ilością ciasta.
k) Piecz naczynie przez dziesięć minut.
l) Na wierzch dodaj posiekaną natkę pietruszki.

57. Nicoise Bouillabaisse

SKŁADNIKI:

- Dwa paski skórki pomarańczowej
- Trzy liście laurowe
- Jedna szklanka posiekanej cebuli
- Jedna łyżka czarnego pieprzu
- Jedna szklanka posiekanego pora
- Dwie łyżki oliwy z oliwek
- Osiem suszonych chilli
- Dwie łyżeczki posiekanego czosnku
- Jedna filiżanka małży
- Jedna filiżanka mieszanej ryby śródziemnomorskiej
- Jedna szklanka koncentratu pomidorowego
- Szczypta szafranu
- Jedna łyżeczka czarnego pieprzu
- Dwie szklanki dojrzałych pomidorów
- Dwie szklanki bulionu rybnego
- Dwie łyżki pernodu
- Anyż jednogwiazdkowy
- Szczypta soli
- Jedna łyżka posiekanego świeżego szczypiorku

INSTRUKCJE:

a) Weź dużą patelnię.
b) Na patelnię dodaj olej i cebulę.
c) Smaż cebulę, aż stanie się miękka i przezroczysta.
d) Dodaj czosnek na patelnię.
e) Dobrze ugotuj mieszaninę.
f) Dodać koncentrat pomidorowy, pokrojone dojrzałe pomidory i przyprawy.
g) Gotuj mieszaninę przez pięć minut.
h) Dodaj małże i rybę śródziemnomorską na patelnię.
i) Dobrze ugotuj składniki.
j) Dodaj resztę składników.
k) Dodać bulion rybny i resztę składników.
l) Przykryj patelnię i gotuj przez dziesięć minut.
m) Udekoruj danie posiekanym świeżym szczypiorkiem.

58.Niçoise Pieczony Kurczak i Ziemniaki

SKŁADNIKI:

- Dwie szklanki plastrów ziemniaków
- Jedna łyżka soli koszernej
- Jedna łyżka czarnego pieprzu
- Dwie filiżanki czerwonego wina
- Jeden liść laurowy
- Jedna łyżeczka cukru
- Jedna łyżeczka suszonego tymianku
- Jedna szklanka marchewki
- Jedna cebula
- Dwie szklanki kawałków kurczaka
- Jedna łyżeczka pasty czosnkowej
- Pół szklanki koncentratu pomidorowego
- Pół szklanki niesolonego masła
- Dwie łyżki mąki uniwersalnej
- Posiekana pietruszka

INSTRUKCJE:

a) Weź dużą miskę.
b) Do miski włóż plasterki ziemniaków i kurczaka.
c) Składniki doprawiamy pieprzem i solą.
d) Połącz czerwone wino, liść laurowy i tymianek.
e) Zanurz ziemniaki i kurczaka w marynacie na trzydzieści minut.
f) Weź dużą blachę do pieczenia.
g) Dodaj niesolone masło na patelnię.
h) Dodaj do niego marynowane składniki.
i) Do mieszanki dodaj pozostałe składniki.
j) Piec naczynie przez trzydzieści minut, a następnie wyłożyć.

59. Kanapki z wędzonym łososiem Niçoise

SKŁADNIKI:

- Dwie łyżki oliwy z oliwek
- Pół szklanki posiekanego świeżego koperku
- Jedna filiżanka wędzonego łososia
- Kromki chleba
- Jedna szklanka posiekanego świeżego szczypiorku
- Jedna szklanka posiekanych pomidorów
- Jedna łyżeczka mieszanki przypraw w proszku
- Jedna szklanka cebuli
- Pół łyżeczki wędzonej papryki
- Jedna filiżanka crème fraiche
- Szczypta soli
- Jedna łyżka masła
- Jedna łyżeczka czarnego pieprzu

INSTRUKCJE:

a) Weź patelnię.
b) Dodajemy olej i cebulę.
c) Smaż cebulę, aż stanie się miękka i pachnąca.
d) Dodaj do niego wędzonego łososia.
e) Dodaj przyprawy.
f) Do mieszanki dodaj pozostałe składniki.
g) Weź kromki chleba i posmaruj masłem po obu stronach.
h) Zwiń je i ułóż w naczyniu do pieczenia.
i) Dodaj mieszaninę na wierzch kromek chleba.
j) Piec kromki chleba przez dwadzieścia minut.

60. Niçoise Sole Meunière

SKŁADNIKI:

- Dwie łyżki mąki
- Jedna łyżka czarnego pieprzu
- Dwie łyżki oliwy z oliwek
- Pół szklanki musztardy Dijon
- Jedna filiżanka sosu Worcestershire
- Dwie łyżeczki posiekanych kaparów
- Kilogram filetów rybnych
- Jedna filiżanka pasty z anchois
- Dwie łyżki Pernodu
- Pół łyżeczki soli
- Posiekany świeży szczypiorek

INSTRUKCJE:

a) Weź dużą miskę.
b) Do miski dodaj suszone składniki.
c) Dobrze wymieszaj.
d) Do miski dodaj puree z anchois.
e) Dodaj Pernod i przyprawy.
f) Dodaj stek i resztę składników.
g) Dobrze wymieszaj składniki.
h) Grilluj kawałki ryby.
i) Rozłóż kawałki, gdy ryba będzie ugotowana z obu stron.

61. Ratatuj jagnięcy

SKŁADNIKI:

- 1 funt gulaszu jagnięcego
- 1 bakłażan, pokrojony w kostkę
- 2 cukinie, pokrojone w plasterki
- 1 papryka, pokrojona w kostkę
- 2 pomidory pokrojone w kostkę
- 1 cebula, drobno posiekana
- 3 ząbki czosnku, posiekane
- Świeży tymianek i rozmaryn
- Oliwa z oliwek
- Sól i pieprz do smaku

INSTRUKCJE:

a) W dużym garnku podsmaż na oliwie gulasz jagnięcy. Usuń i odłóż na bok.
b) W tym samym garnku podsmaż cebulę i czosnek, aż zmiękną.
c) Dodać bakłażana, cukinię, paprykę i pomidory. Gotuj, aż warzywa będą miękkie.
d) Włóż jagnięcinę z powrotem do garnka, dodaj świeży tymianek i rozmaryn. Gotuj, aż jagnięcina będzie ugotowana.
e) Doprawić solą i pieprzem. Podawać z kuskusem lub ryżem.

62. Kurczak po prowansalsku z ziołami

SKŁADNIKI:
- 4 udka z kością i skórą
- 1 cytryna, pokrojona w plasterki
- 2 łyżki posiekanego świeżego tymianku
- 2 łyżki posiekanego świeżego rozmarynu
- 3 ząbki czosnku, posiekane
- 1/4 szklanki białego wina
- 1/4 szklanki bulionu z kurczaka
- Oliwa z oliwek
- Sól i pieprz do smaku

INSTRUKCJE:
a) Rozgrzej piekarnik do 190°C (375°F).
b) Udka z kurczaka doprawiamy solą i pieprzem.
c) Na patelni rozgrzej oliwę z oliwek i obsmaż kurczaka z obu stron.
d) Przenieś kurczaka do naczynia do zapiekania. Dodać plasterki cytryny, tymianek, rozmaryn i czosnek.
e) Zalej kurczaka białym winem i bulionem. Piec w piekarniku, aż kurczak będzie ugotowany i złocisty.

63. Pissaladière

SKŁADNIKI:

- Ciasto na pizzę lub ciasto francuskie
- 2 duże cebule, pokrojone w cienkie plasterki
- 1/4 szklanki oliwy z oliwek
- 1 łyżeczka suszonego tymianku
- Anchois (z puszki lub w słoikach)
- Oliwki czarne, pestkowe

INSTRUKCJE:

a) Rozgrzej piekarnik do 400°F (200°C).
b) Cebulę podsmaż na oliwie, aż się skarmelizuje, następnie dodaj suszony tymianek.
c) Rozwałkuj ciasto na pizzę lub ciasto francuskie i przełóż na blachę do pieczenia.
d) Na cieście równomiernie rozłóż karmelizowaną cebulę, ułóż anchois na krzyż, a pomiędzy anchois umieść oliwki.
e) Piec, aż skórka będzie złotobrązowa. Pokrój i podawaj na ciepło lub w temperaturze pokojowej.

64. Zapiekanka z kurczakiem Niçoise e

SKŁADNIKI:

- Jedna łyżka musztardy Dijon
- Jedna łyżka posiekanego świeżego szczypiorku
- Pół łyżeczki wędzonej papryki
- Jedna szklanka kawałków kurczaka
- Jedna filiżanka sera Niçoise
- Dwie łyżki oliwy z oliwek
- Jedna filiżanka suszonego białego wina
- Pół szklanki mleka
- jedna filiżanka crème fraiche
- jedna łyżeczka proszku ziołowego
- Jedna szklanka cebuli
- Jedna łyżeczka posiekanego czosnku

INSTRUKCJE:

a) Weź patelnię.
b) Dodajemy olej i cebulę.
c) Smaż cebulę, aż stanie się miękka i pachnąca.
d) Dodaj przyprawy.
e) Dokładnie wymieszaj składniki i przykryj patelnię.
f) Do mieszanki wymieszaj kurczaka i wytrawne białe wino.
g) Dobrze ugotuj kurczaka.
h) Wyłącz kuchenkę.
i) Gdy masa ostygnie, dodajemy do niej pozostałe składniki.
j) Wlać mieszaninę zapiekanek do naczynia do pieczenia.
k) Na wierzch posypujemy startym serem Niçoise.
l) Piecz zapiekankę przez dwadzieścia minut.
m) Po zakończeniu rozłóż zapiekankę.
n) Posyp kolendrą na wierzchu.

65.Kurczak z musztardą Nicoise

SKŁADNIKI:
- Jedna szklanka cebuli
- Jedna szklanka bulionu warzywnego
- Pół łyżeczki wędzonej papryki
- Dwie łyżki musztardy Dijon
- Dwie łyżeczki białego cukru
- Dwie łyżki oliwy z oliwek
- Dwie szklanki koncentratu pomidorowego
- Jedna łyżka suszonego rozmarynu
- Szczypta soli
- Szczypta czarnego pieprzu
- Jedna łyżeczka suszonego tymianku
- Jeden funt kawałków kurczaka
- Dwie łyżki mielonego czosnku
- Pół szklanki wytrawnego białego wina
- Pół szklanki soku z cytryny
- Pół szklanki kolendry

INSTRUKCJE:
a) Weź dużą patelnię.
b) Dodaj do niego oliwę z oliwek i plasterki cebuli.
c) Smaż plasterki cebuli.
d) Na patelnię dodaj czosnek, kawałki kurczaka, sok z cytryny i przyprawy.
e) Gotuj kawałki kurczaka w przyprawach przez pięć do dziesięciu minut.
f) Do mieszanki dodaj resztę składników.
g) Gotuj mieszaninę, aż zacznie wrzeć.
h) Zmniejsz ogień do minimum i przykryj patelnię pokrywką.
i) Po dziesięciu minutach zdejmij pokrywkę.

66. Gulasz wołowy Nicoise

SKŁADNIKI:

- Dwie łyżki oliwy z oliwek
- Jeden funt kawałków wołowiny (na wpół ugotowanej)
- Dwie łyżki posiekanego czosnku
- Dwie szklanki posiekanej szalotki
- Jedna szklanka posiekanej cebuli
- Jedna szklanka posiekanej natki pietruszki
- Jedna szklanka bulionu warzywnego
- Jedna łyżka ziół prowansalskich
- Pół szklanki posiekanego świeżego tymianku
- Pół szklanki posiekanego świeżego rozmarynu
- Pół szklanki posiekanego świeżego szczypiorku
- Jedna łyżeczka mieszanki przypraw w proszku
- Pół łyżeczki wędzonej papryki
- Jeden liść laurowy
- Pół łyżeczki soli
- Jedna łyżeczka czarnego pieprzu

INSTRUKCJE:

a) Weź dużą miskę.
b) Do miski dodać wszystkie posiekane składniki.
c) Dobrze wymieszaj wszystkie składniki.
d) Dodaj do niego trochę wody.
e) Zmiksuj mieszaninę za pomocą ręcznego blendera.
f) Upewnij się, że składniki stają się gładkie.
g) Dodaj wołowinę do mieszanki.
h) Marynuj na wpół ugotowaną wołowinę w mieszance przez piętnaście minut.
i) Weź dużą patelnię.
j) Na patelnię dodaj wszystkie składniki i oliwę z oliwek.
k) Dobrze wymieszaj gulasz.
l) Gotuj gulasz przez dziesięć do piętnastu minut.

67. Niçoise Au Pistou

SKŁADNIKI:

- Pół szklanki oliwy z pierwszego tłoczenia
- Dwa ząbki czosnku
- Dwie łodygi selera
- Jedna słodka cebula
- Jeden ziemniak
- Pół łyżeczki soli
- Jedna łyżeczka czarnego pieprzu
- Pół łyżeczki wędzonej papryki
- Pół szklanki białego wina
- Dwie szklanki bulionu rybnego
- Jedna filiżanka okonia morskiego
- Dwie łyżki klasycznego pistou

INSTRUKCJE:

a) Weź dużą patelnię.
b) Rozgrzej olej na patelni.
c) Dodaj do niego czosnek, łodygi selera i cebulę.
d) Gotuj, mieszając, przez dziesięć minut.
e) W razie potrzeby dodaj okonia morskiego, zioła, sól i pieprz.
f) Dodaj do niego wędzoną paprykę i smaż przez minutę.
g) Dodaj wino i dobrze wymieszaj i gotuj jeszcze przez minutę.
h) Dodaj resztę składników do mieszanki do gotowania.
i) Gotuj naczynie przez dwadzieścia minut.
j) Na koniec udekoruj danie pistou.
k) Twoja zupa jest gotowa do podania.

68. Nicoise Coq Au Vin

SKŁADNIKI:
- Jedna szklanka kawałków kurczaka
- Jedna łyżka soli koszernej
- Jedna łyżka czarnego pieprzu
- Dwie filiżanki czerwonego wina
- Jeden liść laurowy
- Jedna łyżeczka cukru
- Dwie gałązki tymianku
- Pół szklanki pokrojonego w kostkę boczku
- Jedna szklanka marchewki
- Jedna cebula
- Jedna łyżeczka posiekanego czosnku
- Pół szklanki koncentratu pomidorowego
- Pietruszka

INSTRUKCJE:
a) Weź dużą miskę.
b) Dodaj do niego kawałki kurczaka.
c) Kurczaka doprawiamy pieprzem i solą.
d) Połącz kurczaka z czerwonym winem, liściem laurowym i tymiankiem.
e) Przykryj i marynuj przez trzydzieści minut.
f) Smaż boczki, aż staną się chrupiące.
g) Dodaj do niego marynowanego kurczaka.
h) Gotuj, aż kurczak stanie się złotobrązowy.
i) Dodać cebulę, marchewkę i wszystkie warzywa.
j) Dodać czosnek, koncentrat pomidorowy i smażyć przez minutę.
k) Do mieszanki dodaj pozostałe składniki.
l) Gotuj składniki przez dziesięć do piętnastu minut.

69. Cassoulet z kurczakiem Nicoise

SKŁADNIKI:

- Jeden funt fasoli
- Jedna łyżeczka soli koszernej
- Pół funta kurczaka
- Dwie łyżki tłuszczu z kaczki
- Jedna łyżeczka czarnego pieprzu
- Pietruszka
- Jedna łyżeczka sproszkowanego czosnku
- Dwie łodygi selera
- Jedna szklanka cebuli
- Jedna filiżanka kiełbasy czosnkowej
- Dwa liście laurowe

INSTRUKCJE:

a) Weź dużą miskę.
b) Dodać fasolę i wodę w razie potrzeby.
c) Dodaj sól i pieprz do fasoli.
d) Podgrzej tłuszcz z kaczki.
e) Dodaj sól i gotuj, aż stanie się brązowy.
f) Kawałki kurczaka doprawiamy pieprzem.
g) Dodaj kiełbaski i dobrze usmaż.
h) Dodaj cebulę do gotowanej mieszanki.
i) Dodać czosnek, łodygi selera, natkę pietruszki, liście laurowe i dodać mieszankę fasolową.
j) Gotuj fasolę wraz ze wszystkimi składnikami przez czterdzieści pięć minut.
k) Upewnij się, że cały kurczak i fasola są dobrze wymieszane.
l) Na wierzch dodaj posiekaną natkę pietruszki.

70. Niçoise Ziemniaczane Dauphinoise

SKŁADNIKI:
- Dwie łyżki cukru pudru
- Pół szklanki plastrów ziemniaków
- Pół łyżki posiekanego czosnku
- Pół łyżeczki cynamonu
- Pół łyżki gałki muszkatołowej
- Pół szklanki niesolonego masła
- Pół szklanki kremu z kamienia nazębnego
- Dwie szklanki mąki uniwersalnej
- Jedna filiżanka startego sera

INSTRUKCJE:
a) Weź dużą patelnię.
b) Dodaj wodę do garnka.
c) Podgrzej go na średnim ogniu.
d) Dodaj do niego cukier.
e) Podgrzewaj, aż zmieni kolor na złoty.
f) Dodaj plasterki ziemniaków, cynamon, czosnek i gałkę muszkatołową.
g) Zwiększ ogień i gotuj przez pięć minut.
h) Zdjąć z ognia i pozostawić do ostygnięcia.
i) Weź dużą miskę.
j) Dodaj do niego ser.
k) Dodajemy do niego krem tartarny i mąkę.
l) Dodaj do niego masło.
m) Mieszaj, aż uformuje się ciasto.
n) Dodaj ciasto do masy ziemniaczanej.
o) Piec naczynie przez piętnaście minut.

71.Niçoise Bourguignon

SKŁADNIKI:
- Dwie łyżki oliwy z oliwek
- Jedna szklanka posiekanej białej cebuli
- Jedna łyżka posiekanego czosnku
- Trzy łyżki mąki uniwersalnej
- Trzy szklanki plasterków grzybów
- Trzy szklanki czerwonego wina
- Jedna łyżeczka mielonego czosnku
- Trzy łyżki miękkiego masła
- Jedna gałązka świeżego, posiekanego rozmarynu
- Jedna gałązka świeżego, posiekanego tymianku
- Jedna gałązka posiekanej świeżej pietruszki
- Dwie szklanki bulionu warzywnego

INSTRUKCJE:
a) Weź dużą patelnię.
b) Na patelnię dodaj masło i cebulę.
c) Na patelnię dodaj przyprawy, zioła i pomidory.
d) Dobrze ugotuj mieszaninę.
e) Dodaj plasterki grzybów na patelnię.
f) Dodaj bulion warzywny i przykryj patelnię, aby warzywa odpowiednio się ugotowały.
g) Gdy mieszanka warzywna wyschnie, dodaj resztę składników.
h) Gotuj naczynie przez dziesięć minut.
i) Na wierzch dodaj posiekaną natkę pietruszki.

72. Cassoulet z fasolą i warzywami

SKŁADNIKI:

- Jeden funt fasoli
- Jedna łyżeczka soli koszernej
- Dwie łyżki masła
- Jedna łyżeczka czarnego pieprzu
- Pietruszka
- Jedna łyżeczka sproszkowanego czosnku
- Dwie łodygi selera
- Jedna szklanka cebuli
- Dwie szklanki mieszanki warzywnej
- Dwa liście laurowe

INSTRUKCJE:

a) Weź dużą miskę.
b) Dodać fasolę i wodę w razie potrzeby.
c) Dodaj sól i pieprz do fasoli.
d) Podgrzej masło.
e) Dodaj sól i gotuj, aż stanie się brązowy.
f) Kawałki warzyw doprawiamy pieprzem.
g) Dodaj cebulę do gotowanej mieszanki.
h) Dodać czosnek, łodygi selera, natkę pietruszki, liście laurowe i dodać mieszankę fasolową.
i) Gotuj fasolę wraz ze wszystkimi składnikami przez czterdzieści pięć minut.
j) Upewnij się, że wszystkie warzywa i fasola są dobrze wymieszane.
k) Na wierzch dodaj posiekaną natkę pietruszki.

73. Pizza z warzywnym chlebem Niçoise a

SKŁADNIKI:
- Pół funta mieszanki warzyw
- Jedna żółta cebula
- Dwie filiżanki sera mozzarella
- Jedna łyżeczka suszonego rozmarynu
- Szczypta czarnego pieprzu
- Szczypta soli
- Jedna szklanka sosu pomidorowego
- Jedna łyżka parmezanu
- Pół szklanki pokrojonych w plasterki oliwek
- Dwie łyżki oliwy z oliwek
- Jedno opakowanie ciasta chlebowego

INSTRUKCJE:
a) Rozwałkuj ciasto chlebowe w naczyniu do pieczenia.
b) Na cieście rozsmaruj sos pomidorowy.
c) Dodaj warzywa i resztę składników na sos.
d) Piecz pizzę przez około dwadzieścia minut.
e) Podawaj, gdy skończysz.

74. Niçoise Au Vin

SKŁADNIKI:
- Jedna szklanka kawałków ziemniaków
- Jedna łyżka soli koszernej
- Jedna łyżka czarnego pieprzu
- Dwie filiżanki czerwonego wina
- Jeden liść laurowy
- Jedna łyżeczka cukru
- Dwie gałązki tymianku
- Jedna szklanka marchewki
- Jedna cebula
- Jedna łyżeczka posiekanego czosnku
- Pół szklanki koncentratu pomidorowego
- Pietruszka

INSTRUKCJE:
a) Weź dużą miskę.
b) Dodaj do niego kawałki ziemniaków.
c) Ziemniaka doprawić pieprzem i solą.
d) Ziemniaka połączyć z czerwonym winem, liściem laurowym i tymiankiem.
e) Przykryj i marynuj przez trzydzieści minut.
f) Dodaj do niego marynowane ziemniaki.
g) Gotuj, aż ziemniaki staną się złotobrązowe.
h) Dodać cebulę, marchewkę i wszystkie warzywa.
i) Dodać czosnek, koncentrat pomidorowy i smażyć przez minutę.
j) Do mieszanki dodaj resztę składników.
k) Gotuj przez dziesięć minut.

75. Nicoise Ratatouille

SKŁADNIKI:

- Szczypta soli koszernej
- Jedna łyżeczka czarnego pieprzu
- Jedna szklanka kawałków bakłażana
- Jedna szklanka kawałków cukinii
- Ćwierć szklanki posiekanych daktyli majerankowych
- Jedna szklanka posiekanego szczypiorku
- Jedna szklanka pomidorków koktajlowych
- Pół szklanki letnich, pikantnych gałązek
- Dwie łyżki mielonego czosnku
- Dwie łyżki suszonego tymianku
- Pół szklanki posiekanej natki pietruszki
- Dwie łyżeczki ziół prowansalskich
- Pół szklanki posiekanej cebuli
- Dwie łyżki oliwy z oliwek
- Pół szklanki liści bazylii
- Jedna filiżanka czerwonej papryki
- Jedna łyżka mielonej czerwonej papryki
- Jeden liść laurowy
- Pół łyżeczki liści kopru włoskiego

INSTRUKCJE:

a) Weź dużą patelnię.
b) Dodaj do niego oliwę i posiekaną cebulę.
c) Smaż cebulę, aż nabiorą jasnobrązowego koloru.
d) Dodaj posiekany czosnek na patelnię.
e) Gotuj mieszaninę przez pięć minut.
f) Doprawić mieszaninę solą i pieprzem.
g) Dodać przyprawy i wszystkie warzywa.
h) W misce rozgnieć pomidorki koktajlowe i dodaj sól.
i) Gdy warzywa będą gotowe, wyłóż mieszaninę na talerz.
j) Dodaj pokruszone pomidory na patelnię.
k) Gotuj pomidory przez dziesięć minut lub do momentu, aż staną się miękkie.
l) Ponownie dodaj mieszankę warzywną na patelnię.
m) Ugotuj mieszaninę i dodaj posiekane daktyle majerankowe, liście bazylii i pietruszki.

76. Gulasz warzywny Niçoise

SKŁADNIKI:

- Dwie łyżki oliwy z oliwek
- Jeden funt mieszanki warzyw
- Dwie łyżki posiekanego czosnku
- Dwie szklanki posiekanej szalotki
- Jedna szklanka posiekanej cebuli
- Jedna szklanka posiekanej natki pietruszki
- Jedna szklanka bulionu warzywnego
- Jedna łyżka ziół prowansalskich
- Pół szklanki posiekanego świeżego tymianku
- Pół szklanki posiekanego świeżego rozmarynu
- Pół szklanki posiekanego świeżego szczypiorku
- Jedna łyżeczka mieszanki przypraw w proszku
- Pół łyżeczki wędzonej papryki
- Jeden liść laurowy
- Pół łyżeczki soli
- Jedna łyżeczka czarnego pieprzu

INSTRUKCJE:

a) Weź dużą patelnię.
b) Na patelnię dodaj wszystkie składniki i oliwę z oliwek.
c) Dobrze wymieszaj gulasz.
d) Gotuj gulasz przez dziesięć do piętnastu minut.

77.Wegetariański bochenek Niçoise

SKŁADNIKI:
- Dwie łyżki oliwy z oliwek
- Pół szklanki posiekanej szalotki
- Jedna filiżanka pokrojonej w kostkę zielonej papryki
- Jedna łyżeczka mielonego czosnku
- Jedna szklanka pokrojonego w kostkę bakłażana
- Jedna szklanka pokrojonej w kostkę cukinii
- Półtorej szklanki mąki uniwersalnej
- Jedna łyżeczka czarnego pieprzu
- Pół szklanki pokrojonych w kostkę pomidorów
- Pół łyżeczki soli
- Pół szklanki mleka
- Półtorej szklanki sera szwajcarskiego
- Oliwa z oliwek do posmarowania
- Trzy całe jajka

INSTRUKCJE:
a) Weź dużą patelnię.
b) Na patelnię wlej dwie łyżki oliwy z oliwek i posiekaną szalotkę.
c) Smaż szalotki przez kilka minut, aż staną się jasnobrązowe.
d) Na patelnię dodaj posiekany czosnek, pomidory, bakłażany, cukinię i zieloną paprykę.
e) Gotuj warzywa przez dziesięć minut.
f) Dodaj sól i czarny pieprz na patelnię i dobrze wymieszaj.
g) Wyłącz kuchenkę i poczekaj, aż mieszanina ostygnie.
h) Weź dużą miskę.
i) Do miski dodaj jajka i mleko.
j) Dobrze wymieszaj, a następnie dodaj mąkę i warzywa do miski.
k) Wszystko dobrze wymieszaj.
l) Wlać mieszaninę do natłuszczonej formy do pieczenia.
m) Na ciasto połóż ser szwajcarski i posmaruj bochenek oliwą z oliwek.
n) Włóż blachę do nagrzanego piekarnika i upiecz bochenek.
o) Rozłóż bochenek po czterdziestu minutach.

78.Zapiekanka warzywna Niçoise

SKŁADNIKI:

- Dwie łyżki cukru pudru
- Pół szklanki mieszanych plasterków warzyw
- Pół łyżki zmielonych goździków
- Pół łyżki cynamonu
- Pół łyżki gałki muszkatołowej
- Pół szklanki niesolonego masła
- Pół łyżeczki suszonego tymianku
- Dwa jajka
- Pół szklanki kremu z kamienia nazębnego
- Dwie szklanki mąki uniwersalnej
- Jedna filiżanka startego sera Gruyere

INSTRUKCJE:

a) Weź dużą patelnię.
b) Podgrzej go na średnim ogniu.
c) Dodaj do niego cukier.
d) Podgrzewaj, aż zmieni kolor na złocisty karmel.
e) Dodaj plasterki warzyw, cynamon, goździki i gałkę muszkatołową.
f) Zwiększ ogień i gotuj przez pięć minut.
g) Zdjąć z ognia i pozostawić do ostygnięcia.
h) Weź dużą miskę i dodaj do niej ser.
i) Dodajemy do niego krem tartarny i mąkę.
j) Dodajemy ugotowane warzywa i resztę składników
k) miska.
l) Dodaj składniki do naczynia do pieczenia.
m) Piec składniki przez dziesięć do piętnastu minut.

79. Kanapka z warzywnym dipem Niçoise

SKŁADNIKI:

- Cztery łyżki bazy warzywnej
- Trzy łyżki musztardy Dijon
- Dwie łyżki oliwy z oliwek
- Bagietki Nicoise
- Dwie łyżki posiekanego świeżego szczypiorku
- Ćwierć szklanki plasterków grzybów
- Sól dla smaku
- Dwie szklanki pokrojonej w plasterki papryki
- Czarny pieprz do smaku
- Dwie szklanki suszonych pomidorów
- Jedno opakowanie plasterka sera Niçoise
- Dwie łyżeczki masła

INSTRUKCJE:

a) Upiecz plastry grzybów i papryki w piekarniku, dodając masło, sól i pieprz.
b) Podpiecz bagietkę i zacznij wykładać składniki.
c) Do substratu dodajemy po kolei wszystkie składniki, a na koniec pieczone grzyby i paprykę.
d) Zawiń bagietki.
e) Kanapkę możesz podać z dowolnym sosem lub dipem.

80. Gulasz z białej fasoli Niçoise

SKŁADNIKI:

- Dwie łyżki oliwy z oliwek
- Jeden funt białej fasoli (na pół ugotowanej)
- Pół szklanki posiekanych goździków
- Dwie szklanki posiekanej szalotki
- Jedna szklanka posiekanej cebuli
- Jedna szklanka posiekanej natki pietruszki
- Jedna szklanka bulionu warzywnego
- Jedna łyżka ziół prowansalskich
- Pół szklanki posiekanego świeżego tymianku
- Pół szklanki posiekanego świeżego rozmarynu
- Pół szklanki posiekanego świeżego szczypiorku
- Jedna łyżeczka mieszanki przypraw w proszku
- Pół łyżeczki wędzonej papryki
- Jeden liść laurowy
- Sól dla smaku
- Czarny pieprz do smaku

INSTRUKCJE:

a) Weź dużą miskę.
b) Do miski dodać wszystkie posiekane składniki.
c) Dobrze wymieszaj wszystkie składniki.
d) Dodaj do niego trochę wody.
e) Zmiksuj mieszaninę za pomocą ręcznego blendera.
f) Upewnij się, że składniki stają się gładkie.
g) Dodaj fasolę do mieszanki.
h) Marynuj na wpół przegotowaną fasolę w mieszance przez piętnaście minut.
i) Weź dużą patelnię.
j) Na patelnię dodaj wszystkie składniki i oliwę z oliwek.
k) Dobrze wymieszaj gulasz.
l) Gotuj gulasz przez dziesięć do piętnastu minut.

81.Tost Niçoise Migdałowy Niçoise

SKŁADNIKI:

- Cztery kromki chleba
- Jedna łyżka proszku do pieczenia
- Jedna łyżka ekstraktu waniliowego
- Pół szklanki mleka migdałowego
- Szczypta soli
- Jedno jajko
- Pół szklanki zmielonych migdałów

INSTRUKCJE:

a) Weź dużą miskę.
b) Dodaj jajko do dużej miski.
c) Mieszaj jajka, aż powstanie gładka masa.
d) Dodawaj po kolei pozostałe składniki, uważając, aby nie utworzyły się grudki.
e) Rozgrzej dużą patelnię.
f) Dodać zmiękczone masło i podgrzać.
g) Zanurz kromki chleba w misce.
h) Połóż plastry na patelni i smaż ze wszystkich stron.
i) Smaż kromki chleba, aż staną się złotobrązowe.
j) Na wierzch dodaj pokruszone migdały.

82. Gulasz z soczewicy Niçoise

SKŁADNIKI:

- Dwie łyżki oliwy z oliwek
- Jeden funt soczewicy (na wpół ugotowanej)
- Pół szklanki posiekanych goździków
- Dwie szklanki posiekanej szalotki
- Jedna szklanka posiekanej cebuli
- Jedna szklanka posiekanej natki pietruszki
- Jedna szklanka bulionu warzywnego
- Jedna łyżka ziół prowansalskich
- Pół szklanki posiekanego świeżego tymianku
- Pół szklanki posiekanego świeżego rozmarynu
- Pół szklanki posiekanego świeżego szczypiorku
- Jedna łyżeczka mieszanki przypraw w proszku
- Pół łyżeczki wędzonej papryki
- Jeden liść laurowy
- Sól dla smaku
- Czarny pieprz do smaku

INSTRUKCJE:

a) Weź dużą miskę.
b) Do miski dodać wszystkie posiekane składniki.
c) Dobrze wymieszaj wszystkie składniki.
d) Dodaj do niego trochę wody.
e) Zmiksuj mieszaninę za pomocą ręcznego blendera.
f) Upewnij się, że składniki stają się gładkie.
g) Dodaj soczewicę do mieszanki.
h) Marynuj na wpół ugotowaną soczewicę w mieszance przez piętnaście minut.
i) Weź dużą patelnię.
j) Na patelnię dodaj wszystkie składniki i oliwę z oliwek.
k) Dobrze wymieszaj gulasz.
l) Gotuj gulasz przez dziesięć do piętnastu minut.

83. Niçoise Makaron cebulowy Niçoise w jednym garnku

SKŁADNIKI:
- Jedna szklanka pokrojonej w kostkę cebuli
- Dwie łyżki oliwy z oliwek
- Jedna szklanka pomidorków koktajlowych
- Jedno opakowanie makaronu
- Jedna szklanka bulionu warzywnego
- Jedna łyżeczka sproszkowanego tymianku
- Jedna filiżanka startego sera
- Pół łyżeczki wędzonej papryki
- Jedna szklanka wody
- Dwie łyżki mielonego czosnku
- Dwie łyżki mielonego imbiru
- Pół szklanki kolendry

INSTRUKCJE:
a) Weź patelnię.
b) Dodajemy olej i cebulę.
c) Smaż cebulę, aż stanie się miękka i pachnąca.
d) Dodajemy posiekany czosnek i imbir.
e) Dobrze ugotuj mieszaninę.
f) Dodaj przyprawy.
g) Dodaj do bulionu.
h) Dokładnie wymieszaj składniki i przykryj patelnię.
i) Makaron ugotować zgodnie z instrukcją na opakowaniu.
j) Dodaj pomidorki koktajlowe.
k) Do powstałej masy wmieszać makaron i pokruszony ser.
l) Dodaj kolendrę na wierzch.

84. Sałatka z soczewicy Niçoise i kozim serem

SKŁADNIKI:

- Trzy szklanki bulionu warzywnego
- Jedna szklanka marchewki
- Pół szklanki świeżego tymianku
- Jedna filiżanka soczewicy Niçoise
- Pół łyżeczki wędzonej papryki
- Dwie łyżki mielonego czosnku
- Pół szklanki posiekanego selera
- Dwie łyżki oliwy z oliwek
- Dwie łyżki miodu
- Jedna filiżanka koziego sera
- Pół szklanki musztardy Dijon

INSTRUKCJE:

a) Weź dużą patelnię.
b) Na patelnię wlej olej i soczewicę.
c) Podsmaż soczewicę, a następnie dodaj do niej bulion warzywny.
d) Soczewicę gotuj przez około trzydzieści minut lub do momentu, aż płyn wyschnie na patelni.
e) Do miski dodać resztę składników.
f) Wszystkie składniki dobrze wymieszać, tak aby powstała jednorodna mieszanina.
g) Na wierzch mieszanki dodaj ugotowaną soczewicę.
h) Wstrząsaj sałatką, aby upewnić się, że wszystko jest dobrze wymieszane.

85. Nicoise Faux

SKŁADNIKI:

- Cztery łyżki oliwy z oliwek
- Pół szklanki serka ricotta
- Jedna filiżanka sera mozzarella
- Pół szklanki liści bazylii
- Ćwierć łyżeczki oregano
- Pół szklanki parmezanu
- Dwie szklanki zielonego groszku
- Jedna filiżanka marynat
- Pół szklanki majonezu
- Jedna filiżanka jabłek

INSTRUKCJE:

a) Weź miskę.
b) Do miski dodać wszystkie mokre składniki.
c) Dobrze wymieszaj wszystkie składniki.
d) Do miski dodaj resztę składników.
e) Dobrze wymieszaj, aż suche składniki zostaną dobrze pokryte.

86. Zupa z soczewicy w curry kokosowej Niçoise

SKŁADNIKI:
- Dwie szklanki bulionu warzywnego
- Dwie łyżki zmiażdżonego czosnku
- Sól dla smaku
- Czarny pieprz do smaku
- Dwie łyżki oliwy z oliwek
- Jedna filiżanka suszonego białego wina
- Jedna szklanka cebuli
- Dwie łyżki mąki uniwersalnej
- Pół szklanki gęstej śmietanki
- Dwie szklanki soczewicy
- Jedna szklanka mleka kokosowego
- Jeden liść laurowy
- Dwie łyżki świeżego tymianku
- Kromki chleba Niçoise
- Posiekany koperek

INSTRUKCJE:
a) Weź duży rondel.
b) Na patelnię dodaj olej i cebulę.
c) Smaż cebulę, aż stanie się złotobrązowa.
d) Dodaj zmiażdżony czosnek na patelnię.
e) Do mieszanki dodaj przyprawy i soczewicę.
f) Dodać mąkę uniwersalną, gęstą śmietanę i białe suszone wino.
g) Dodać mleko kokosowe, a następnie bulion warzywny.
h) Przykryj patelnię pokrywką na pięć minut.
i) Niech zupa się odpowiednio ugotuje.
j) Rozłóż zupę do miseczek.
k) Na wierzch dodaj posiekany świeży koperek.

87. Fasola szparagowa Nicoise

SKŁADNIKI:

- Dwie łyżki musztardy Dijon
- Jeden funt zielonej fasolki
- Dwie łyżki mielonego czosnku
- Pół szklanki wytrawnego białego wina
- Pół szklanki kolendry
- Dwie łyżki oliwy z oliwek
- Jedna łyżka suszonego rozmarynu
- Pół łyżeczki soli
- Jedna łyżeczka czarnego pieprzu
- Suszony tymianek, jedna łyżeczka
- Pół łyżeczki wędzonej papryki

INSTRUKCJE:

a) Weź dużą patelnię.
b) Dodaj do niego oliwę z oliwek.
c) Dodaj czosnek, fasolkę szparagową i przyprawy na patelnię.
d) Gotuj fasolę w przyprawach przez pięć do dziesięciu minut.
e) Do mieszanki dodaj resztę składników.
f) Gotuj mieszaninę, aż zacznie wrzeć.
g) Gotuj przez dziesięć minut, a następnie rozłóż.

DESER

88. Panna Cotta z miodem i lawendą

SKŁADNIKI:

- 2 szklanki gęstej śmietanki
- 1/2 szklanki miodu (najlepiej lawendowego)
- 1 łyżeczka ekstraktu waniliowego
- 2 łyżeczki żelatyny
- 2 łyżki zimnej wody
- Świeże jagody do dekoracji

INSTRUKCJE:

a) W rondlu podgrzej śmietankę, miód i ekstrakt waniliowy, aż się zagotuje.
b) W międzyczasie rozpuść żelatynę w zimnej wodzie i odstaw na kilka minut.
c) Dodaj mieszaninę żelatyny do ciepłej śmietany, mieszaj, aż dobrze się połączą.
d) Wlać mieszaninę do ramekinów i przechowywać w lodówce, aż stwardnieje.
e) Podawać schłodzone, udekorowane świeżymi jagodami.

89. Ciasto z pomarańczą i oliwą z oliwek

SKŁADNIKI:

- 2 filiżanki mąki uniwersalnej
- 1 1/2 łyżeczki proszku do pieczenia
- 1/2 łyżeczki sody oczyszczonej
- Szczypta soli
- 1 szklanka granulowanego cukru
- 1/2 szklanki oliwy z oliwek z pierwszego tłoczenia
- 3 duże jajka
- Skórka z 2 pomarańczy
- 1 szklanka świeżego soku pomarańczowego
- Cukier puder do posypania

INSTRUKCJE:

a) Rozgrzej piekarnik do 175°C i natłuść formę do ciasta.
b) W misce wymieszaj mąkę, proszek do pieczenia, sodę oczyszczoną i sól.
c) W drugiej misce ubij cukier, oliwę z oliwek, jajka, skórkę pomarańczową i sok pomarańczowy, aż dobrze się połączą.
d) Stopniowo dodawaj suche składniki do mokrych, mieszaj, aż masa będzie gładka.
e) Wlać ciasto do przygotowanej formy i piec, aż wykałaczka będzie sucha.
f) Pozostaw ciasto do ostygnięcia, a następnie przed podaniem posyp cukrem pudrem.

90. Nicoise Palmier Cookies

SKŁADNIKI:

- Pół łyżeczki gałki muszkatołowej
- Jedna łyżeczka ekstraktu waniliowego
- Trzy i pół szklanki mąki
- Pół szklanki cukru
- Szklanka solonego masła
- Jedna łyżka proszku do pieczenia
- Pół szklanki cukru palmowego do posypania
- Dwa duże jajka
- Pół łyżeczki soli koszernej

INSTRUKCJE:

a) Weź dużą miskę.
b) Dodaj suche składniki do miski.
c) Dobrze wymieszaj wszystkie składniki.
d) Do miski dodaj masło i resztę składników.
e) Dodaj powstałą mieszaninę do worka cukierniczego.
f) Uformuj małe ciasteczka w kształcie serca na naczyniu do pieczenia i posyp je cukrem palmier.
g) Piecz ciasteczka przez dwadzieścia minut.
h) Po zakończeniu rozłóż ciasteczka.

91. Nicoise Caneles

SKŁADNIKI:

- Dwie szklanki mąki migdałowej
- Dwa jajka
- Jedna łyżka ekstraktu waniliowego
- Kubek mleka
- Łyżka oleju roślinnego
- Szklanka mąki uniwersalnej
- Pół szklanki mąki pełnoziarnistej
- Sól dla smaku
- Woda do kolan

INSTRUKCJE:

a) Weź miskę.
b) Dodaj do niego mąkę.
c) Dodaj do niego cukier.
d) Dodaj do niego letnią wodę.
e) Odstawić na pół godziny.
f) Dodać mąkę pełnoziarnistą.
g) Dodaj do tego sól i trochę wody.
h) Do mieszanki dodaj jajka i ekstrakt waniliowy.
i) Dodać mąkę migdałową i trochę mleka.
j) Dobrze wymieszaj składniki, aby uzyskać gładką masę.
k) W razie potrzeby dodaj olej, aby uzyskać gładkość.
l) Gotuj naczynie w łaźni wodnej przez trzydzieści minut.

92. Niçoise Cherry Clafoutis

SKŁADNIKI:
- Dwie szklanki mleka
- Łyżeczka cynamonu
- Pół szklanki gęstej śmietanki
- Pół szklanki białego cukru
- Łyżeczka soli
- Dwa jajka
- Łyżeczka ekstraktu z cytryny
- Łyżeczka ekstraktu migdałowego
- Dwie szklanki mąki uniwersalnej
- Kubek masła
- Szklanka pestek wiśni

INSTRUKCJE:
a) Weź średnią miskę.
b) Dodaj do niego roztopione masło.
c) Dodaj do niego gęstą śmietanę i cynamon.
d) Dodaj mąkę i dobrze wymieszaj.
e) Dodać mleko i sól według uznania.
f) W razie potrzeby dodać cukier i sól.
g) Dobrze je wymieszaj.
h) Dodaj jajka, wiśnie, ekstrakt z cytryny i ekstrakt z migdałów.
i) Mieszaj przez kilka minut.
j) Dodaj materiał na blasze do pieczenia.
k) Piecz materiał przez dwadzieścia minut, aż staną się lekko
l) brązowy.

93. Ciasto kokosowe Nicoise

SKŁADNIKI:
- Kubek suszonego kokosa
- Pół szklanki wody
- Kubek samorosnącej mąki
- Pół szklanki masła
- Łyżka mleka
- Łyżeczka proszku do pieczenia
- Dwa jajka
- Filiżanka brązowego cukru

INSTRUKCJE:
a) Weź patelnię.
b) Dodaj masło.
c) Gdy się rozpuści dodać mleko i mąkę.
d) Wymieszaj składniki, aby wyrobić ciasto.
e) Po wyrobieniu ciasta wyłącz kuchenkę.
f) Dodaj mieszaninę do miski.
g) Dodaj do niego suszony kokos.
h) Do miski dodać pozostałe składniki i wymieszać.
i) Wymieszaj wszystkie składniki i rozłóż ciasto w formie do pieczenia.
j) Piec mieszaninę przez czterdzieści pięć minut.

94. Tartaletki bezowe z marakują i cytryną

SKŁADNIKI:
- Dwie filiżanki marakui
- Pół szklanki masła
- Paczka ciasta na tartę
- Pół szklanki gęstej śmietanki
- Dwie łyżki skórki cytrynowej
- Pół szklanki cukru

INSTRUKCJE:
a) Weź dużą miskę.
b) Dodać śmietanę i odpowiednio ubić.
c) Zrób pianę, a następnie dodaj masło i cukier.
d) Dokładnie wymieszaj mieszaninę, a następnie dodaj marakuję i skórkę z cytryny do masła.
e) Odpowiednio wymieszaj mieszaninę.
f) Ciasto na tartę układamy w natłuszczonych foremkach do tart.
g) Dodaj mieszaninę na wierzch.
h) Piec naczynie prawidłowo przez dziesięć do piętnastu minut.

95. Tarta gruszkowa Niçoise

SKŁADNIKI:
- Dwie szklanki plasterków gruszki
- Pół szklanki masła
- Paczka ciasta na tartę
- Pół szklanki gęstej śmietanki
- Pół szklanki cukru

INSTRUKCJE:
a) Weź dużą miskę.
b) Dodać śmietanę i odpowiednio ubić.
c) Zrób pianę, a następnie dodaj masło i cukier.
d) Dokładnie wymieszaj mieszaninę, a następnie dodaj plasterki gruszki do masła.
e) Odpowiednio wymieszaj mieszaninę.
f) Ciasto na tartę układamy w natłuszczonych foremkach do tart.
g) Dodaj mieszaninę na wierzch
h) Piec naczynie prawidłowo przez dziesięć do piętnastu minut.

96.Ciasto truskawkowe i szyfonowe Lillet

SKŁADNIKI:

- Ćwierć szklanki lillet blanc
- Pół szklanki kremu z kamienia nazębnego
- Ćwierć szklanki cukru
- Ćwierć łyżeczki mielonego kardamonu
- Szklanka mąki
- Szczypta proszku do pieczenia
- Jajko
- Jako sos:
- Dwie szklanki plasterków truskawek
- Kubek bitej śmietany

INSTRUKCJE:

a) Weź dużą miskę.
b) Do miski włóż wszystkie składniki oprócz plasterków truskawek.
c) Upewnij się, że naczynie do pieczenia jest odpowiednio natłuszczone i wyłożone papierem pergaminowym.
d) Upiec ciasto.
e) Rozłóż go, gdy skończysz.
f) Dodaj bitą śmietanę na wierzch ciasta.
g) Przykryj go plasterkami truskawek.

97. Pomarańcza Niçoise Poire Avec

SKŁADNIKI:
- Pół szklanki brązowego cukru
- Łyżeczka ekstraktu waniliowego
- Cztery całe gruszki
- Półtorej szklanki soku pomarańczowego
- Pół szklanki orzechów włoskich
- Pół szklanki białego cukru
- Łyżeczka proszku cynamonowego

INSTRUKCJE:
a) Weź duży rondel.
b) Do garnka wrzucamy wszystkie składniki oprócz gruszek.
c) Dobrze ugotuj składniki.
d) Gotuj mieszaninę, aż cukier się rozpuści.
e) Zalać gruszki sosem.
f) Gruszki schładzamy przez godzinę.

98.Mus czekoladowy Nicoise

SKŁADNIKI:
- Dwie szklanki mąki migdałowej
- Pół szklanki czekolady
- Dwa jajka
- Łyżka ekstraktu waniliowego
- Kubek mleka
- Łyżka oleju roślinnego
- Szklanka mąki uniwersalnej
- Pół szklanki mąki pełnoziarnistej
- Szczypta soli

INSTRUKCJE:
a) Weź miskę.
b) Dodaj do niego mąkę.
c) Dodaj do niego roztopioną czekoladę i cukier.
d) Dodaj do niego letnią wodę.
e) Odstawić na pół godziny.
f) Dodać mąkę pełnoziarnistą.
g) Dodaj do tego sól i trochę wody.
h) Do mieszanki dodaj jajka i ekstrakt waniliowy.
i) Dodać mąkę migdałową i trochę mleka.
j) Dobrze wymieszaj składniki, aby uzyskać gładką masę.
k) Materiał przechowywać w lodówce przez godzinę.

99.Ciasto czekoladowe Niçoise

SKŁADNIKI:
- Dwie szklanki mleka
- Pół szklanki białego cukru
- Łyżeczka soli
- Dwa jajka
- Dwie łyżki kakao w proszku
- Łyżeczka ekstraktu z cytryny
- Łyżeczka ekstraktu migdałowego
- Dwie szklanki mąki uniwersalnej
- Kubek masła
- Łyżeczka suchych drożdży

INSTRUKCJE:
a) Weź średnią miskę.
b) Dodaj do niego masło.
c) Dodaj mąkę i dobrze wymieszaj.
d) Schłodzić mieszaninę.
e) Weź dużą miskę i dodaj do niej drożdże.
f) Dodać cukier, sól i mleko.
g) Mieszankę mleka wymieszać z mąką.
h) Dodać kakao, jajka, ekstrakt z cytryny i ekstrakt migdałowy.
i) Zagniataj ciasto, aż będzie jednolite.
j) Na cieście połóż masło i złóż je.
k) Z bułki ciasta zrób ciasteczka.
l) Do ciasta dodać gęstą śmietanę.
m) Piecz je przez dziesięć minut.
n) Ciasto jest gotowe do podania.

100. Ciasto Custard Nicoise

SKŁADNIKI:
- Dwa żółtka
- Pół szklanki wody
- Kubek samorosnącej mąki
- Pół szklanki masła
- Łyżka mleka
- Łyżeczka proszku do pieczenia
- Filiżanka brązowego cukru

INSTRUKCJE:
a) Weź patelnię.
b) Dodaj masło.
c) Kiedy się topi.
d) Dodać mleko i mąkę.
e) Wymieszaj składniki, aby wyrobić ciasto.
f) Po wyrobieniu ciasta wyłącz kuchenkę.
g) Dodaj mieszaninę do miski.
h) Do miski dodać pozostałe składniki i wymieszać.
i) Wymieszaj wszystkie składniki i rozłóż ciasto w formie do pieczenia.
j) Piec mieszaninę przez czterdzieści pięć minut.

WNIOSEK

Kończąc naszą kulinarną wyprawę „Nicoise: kuchnia inspirowana rynkiem z najbardziej słonecznego miasta francji", mamy nadzieję, że doświadczyłeś magii tętniącej życiem sceny kulinarnej Nicei w zaciszu własnej kuchni. Każdy przepis na tych stronach jest celebracją skąpanych w słońcu rynków, wpływów śródziemnomorskich i prowansalskiego uroku, które definiują gastronomiczną tożsamość miasta.

Niezależnie od tego, czy delektowałeś się świeżością sałatki niçoise, rozkoszowałeś się bogatym smakiem bouillabaisse, czy też rozkoszowałeś się cytrusową słodyczą tarte aux citrons, ufamy, że te 100 przepisów przeniosło Cię do serca Riwiery Francuskiej. Niech poza składnikami i technikami duch Nicei zagości w Twojej kuchni, inspirując Cię do nadawania posiłkom ciepła, żywotności i elegancji, które definiują kuchnię Niçoise.

Gdy będziesz kontynuować odkrywanie kulinarnych bogactw Riwiery Francuskiej, niech „Niçoise" będzie Twoim towarzyszem, prowadząc Cię przez rynki, morze i urzekające smaki, które czynią ten region prawdziwym kulinarnym skarbem. Zapraszamy do delektowania się tętniącym życiem klimatem Nicei i podawania na stół kulinarnych przysmaków najbardziej słonecznego miasta – smacznego!

www.ingramcontent.com/pod-product-compliance
Lightning Source LLC
Chambersburg PA
CBHW071909110526
44591CB00011B/1605